図解版

なぜ、占い師は信用されるのか？

〔日〕石井裕之 著

俞亮 译

冷读术实用手册

瞬间赢得他人信任

電子工業出版社
Publishing House of Electronics Industry
北京 · BEIJING

版权贸易合同登记号 图字：01-2024-3679

图书在版编目（CIP）数据

冷读术实用手册 ： 瞬间赢得他人信任 / （日）石井裕之著 ； 俞亮译. -- 北京 ： 电子工业出版社， 2024. 8. -- ISBN 978-7-121-48568-8

Ⅰ. C912.1-49

中国国家版本馆 CIP 数据核字第 2024PL6344 号

责任编辑：刘 琳
印 刷：北京盛通数码印刷有限公司
装 订：北京盛通数码印刷有限公司
出版发行：电子工业出版社
北京市海淀区万寿路173信箱 邮编100036
开 本：880×1 230 1/32 印张：7.875 字数：151千字
版 次：2024年8月第1版
印 次：2025年5月第3次印刷
定 价：59.00元

凡所购买电子工业出版社图书有缺损问题，请向购买书店调换。若书店售缺，请与本社发行部联系，联系及邮购电话：（010）88254888，88258888。

质量投诉请发邮件至zlts@phei.com.cn，盗版侵权举报请发邮件至dbqq@phei.com.cn。

本书咨询联系方式：（010）88254199，sjb@phei.com.cn。

序

解锁人际关系的秘密——冷读术的魅力

你还在辛苦维护人际关系吗

你是否曾感到，尽管付出诸多努力，人际关系仍然难以把握？

此刻，你手中的这本书，或许就是让你人际关系顺畅的秘密武器。

想象一下，如果你能够轻松洞悉人心，无论是工作、恋爱、友情还是家庭关系，都能如鱼得水，那该是怎样的体验？本书将为你揭示这一切背后的秘密，那就是逆向沟通术——冷读术（Cold Reading）。它不仅是一种沟通技巧，更是一种建立深厚信任关系的艺术，它能助你在任何人际关系中都如鱼得水。

以前的此类书为什么没太多用

你也许曾经翻阅过各种沟通技巧和心理学的书籍，却仍感到人际关系复杂、难以捉摸？

原因在于，大多数书籍只关注如何与他人进行顺畅的交流，忽视了如何真正建立与他人的信任关系。

而冷读术，正是一种能够让你瞬间与陌生人建立深厚联系的方法。一旦掌握冷读术技巧，无论你的言行如何，对方都会倾向于以善意解读，从而与你建立起坚实的信任基础。

受欢迎的人并非天生如此

没有人相信自己、没有人理解自己，这样的人生是寂寞的，所以人们经常寻找能够与自己相互信任、真正了解自己的人，一旦找到了这样的人，就会觉得无比幸福。

我们所谓的受欢迎的人，其实就是能够让人产生这种幸福感、让人相处起来非常舒服的人。但是，他们并非天生具备这些特质。他们的共同点在于，都掌握了让人产生信任、感到舒适的技术。

这种技术，就是冷读术。

真话，或许不难说出，但有时候，善意的“谎言”比真话更能安慰人。有时候真话反而更容易让人受伤，不是吗？

那些真正能触动人心、让人感受到关爱的“谎言”，需要技巧、理解和情感的投入。而冷读术，正是一种能够让你说出这样的“谎言”的技巧。

为什么要了解冷读术

在欧美，冷读术曾被视为特定人群的专属技能，如冒牌占卜师、假通灵者等。然而，在日本，我出版的关于冷读术的书籍却受到了广泛的欢迎，销量超过二十五万册。我收到了许多读者的积极反馈，他们中有学生、白领、家庭主妇、商店店员、接线员、教师、医生、护士、律师、服务员、演员、顾问等，这证明了冷读术在人际关系中具有广泛的实用性。

当然，不可否认的是，有些人（如缺德的骗子、神棍等）会滥用冷读术来欺骗他人。但这并不应成为我们排斥它的理由。相反，我们应该学习和更加了解冷读术，以便更好地保护自己，同时在人际交往中更加游刃有余。

本书将以更简洁、直接和有趣的方式介绍冷读术，希望你在阅读的过程中能够感受到它的魅力，并在实际生活中运用自如。让我们一起探索冷读术的魅力，解锁人际关系的秘密吧！

石井裕之

前言

为什么冷读术如此神奇

什么是冷读术

你是否想过，有没有一种方法能让工作、恋爱、人际关系都随心所欲，如同掌握了某种魔法般神奇？你即将接触的冷读术，或许就是你一直在寻找的那把钥匙。

冷读术到底蕴藏着怎样的力量？

你听说过“逆向沟通术”吗？

它与冷读术又有何关系？

首先，我们来揭开冷读术（Cold Reading）的神秘面纱。Cold意为“没有任何准备，当场就……”，而Reading则指的是“占卜、读心”。合在一起，就是“在毫无准备的情况下，为初次见面的人‘占卜’，即刻洞悉对方的心理。”

换句话说，就是能一语说中那些你从未听说、也从未见过的人的过去、现在和未来。

然而，本书所介绍的冷读术，并非依赖所谓的灵感或超能力，而是运用心理学的技巧和策略来进行推测。

在冷读的过程中，那位进行推测的人，我们称之为“读心者”（Cold Reader），而接受推测的人，在英语中被称为Sitter（坐着的人），本书中则称其为“咨询者”。

你可能会觉得，在冷读时，读心者似乎能够了解咨询者的过去和现在，洞悉他们内心的想法，甚至预测未来。但实际上，与其说是“读心者知道咨询者的一切”，不如说是“读心者让咨询者相信了他所说的一切”更为贴切。

【划重点】通过建立信任关系，读心者能够引导咨询者，使其相信自己的推测。

冷读术有时会被居心不良的人用作骗术

尽管冷读术在某些情况下，如在冒牌占卜师、骗子等人的手中，可能被用作诈骗，比如，利用话术让人买下高价低质的商品，大家应该都看到过类似的新闻。但同时，冷读术也在娱乐界的魔术秀中被广泛运用，为观众带来惊喜和快乐。因此，技巧本身并无好坏之分，关键在于使用者的用心。

简而言之，冷读术就是一种让人相信“这个人非常懂我”的技巧，也是一种赢得他人信任的沟通方法。

用好冷读术对工作和个人生活都大有裨益

对于广大读者而言，学习冷读术将对工作和生活中的人际关系的健康发展产生积极影响。想象一下，如果能让恋人感叹“他还真是了解我啊！”或者让初次见面的客户认为“这个业务员完全理解我的需求”，那将是多么美好的事情。

而一旦建立了这种信任关系，接下来的事情就往往会发展得更加顺利。也就是说，只要受人信任，无论在工作中，还是在个人生活中，你都能如鱼得水，一切顺遂！

运用冷读术可以做到的事

换句话说，在人际关系中随心所欲！

冷读术的实用技巧 1

轻松测试你与对方之间的距离——杯子技巧

你是不是也有过这样的经历：和某人关系不远不近，总是摸不清对方的真实想法，不知道是该进一步还是保持现状？准确拿捏与人交往的距离感是很难的。

我知道这种情况让你很纠结，进一步，担心对方还不觉得和你的关系有多好，容易冒昧；退一步，又害怕对方觉得你冷淡，好不容易维护的关系就此疏远。

别担心，这里有个小技巧——“杯子技巧”，能够帮你轻松试探对方的想法。

听起来很神奇吧？其实做起来很简单。找个和对方一起喝水/茶/饮料的机会，聊上几句后，假装不经意地把自己的杯子往对方那边稍微推推。如果对方没有反应，就说明你们之间的距离缩短了，他也觉得两人的关系可以更进一步；如果对方默默地把他的杯子移开了，就说明他对你还抱有一定的距离感，可能他暂时还没什么进一步的打算。

通过杯子之间的距离，你就能大致判断两人关系的距离。这个方法虽然简单，但真的挺准的，不妨试试看吧！

掌握了这个小技巧，无论是工作还是恋爱，你都更加能做到心中有数，在人际关系中进退自如。

冷读术实用技巧速查表

冷读术的实用技巧1 / X
冷读术的实用技巧2 / 008
冷读术的实用技巧3 / 012
冷读术的实用技巧4 / 018
冷读术的实用技巧5 / 024
冷读术的实用技巧6 / 030
冷读术的实用技巧7 / 042
冷读术的实用技巧8 / 048
冷读术的实用技巧9 / 054
冷读术的实用技巧10 / 060
冷读术的实用技巧11 / 066
冷读术的实用技巧12 / 072
冷读术的实用技巧13 / 084
冷读术的实用技巧14 / 090
冷读术的实用技巧15 / 096
冷读术的实用技巧16 / 102
冷读术的实用技巧17 / 108
冷读术的实用技巧18 / 114
冷读术的实用技巧19 / 120
冷读术的实用技巧20 / 126
冷读术的实用技巧21 / 132
冷读术的实用技巧22 / 138
冷读术的实用技巧23 / 148
冷读术的实用技巧24 / 158
冷读术的实用技巧25 / 164
冷读术的实用技巧26 / 170
冷读术的实用技巧27 / 184
冷读术的实用技巧28 / 190
冷读术的实用技巧29 / 196
冷读术的实用技巧30 / 202
冷读术的实用技巧31 / 208
冷读术的实用技巧32 / 214
冷读术的实用技巧33 / 220
冷读术的实用技巧34 / 226
冷读术的实用技巧35 / 232

目录

Contents

序章　冷读术其实很好学　001

所有人都能轻松学会冷读术　003

揭秘！冷读术的魔力与诡计　009

控制对方的心理很简单　014

利用潜意识，沟通更轻松　020

足以改变人生的沟通策略　026

揭秘冒牌占卜师的冷读术　032

Part 1　冷读术背后的奥秘　037

巴纳姆效应与自我认知的局限　038

星座与血型并非关键：解读“信任冒牌占卜师”的心理　044

揭秘“受骗者心理”：希望与渴望　050

选择性记忆的陷阱：恋爱中的错觉　056

记忆的真相：加工与选择　062

矛盾心理——每个人都有两副面孔　068

运用冷读术在联谊活动中收获好人缘　074

Part 2　冷读术入门——每个人都能轻易掌握的基本技巧 077

例行话题：顺利启动谈话的技巧 078

实践！如何巧妙运用例行话题 086

读心者的巧妙策略：否定问句的艺术 091

实践！如何巧妙运用否定问句 098

巧妙质问法：得到对方信息的技巧 104

实践！巧妙质问法的运用技巧 110

放大/缩小话术：没说中的话也能圆回来 116

实践！巧妙运用放大/缩小话术来洞悉对方的烦恼 122

打造令人深信不疑的预言——微妙的未来预示 128

实践！如何巧妙运用预言术 134

运用冷读术，打开“难以相处者”的心扉 140

Part 3　We型？Me型？你是哪一种 143

分好类型，沟通烦恼少一半 144

从外在判断We/Me型 154

打开We型人心扉的沟通技巧 160

打开Me型人心扉的沟通技巧 166

与We型人交往的建议 172

与Me型人交往的建议 174

利用We/Me分类法，让人际关系更顺畅 176

Part 4　在日常生活中活用冷读术　179

在社交场合受欢迎的秘密　180

抓住对方的心的邮件写作技巧　186

通过巧妙称赞迅速赢得信任　192

一问即知：戳穿谎言的技巧　198

破冰秘诀：从不同方向靠近，效果大不同　204

“但是”的拒绝魔法　210

巧妙应对投诉：善用“比方说”与媒介物　216

初次见面就能快速熟络的秘诀　222

高效工作邮件写作指南　228

后记　234

序章

冷读术其实很好学

冷读术并不高深，反而非常容易学会，并且在生活中随处可用。学会使用冷读术，将让你受益匪浅。

所有人都能轻松学会冷读术

冷读术是一种自然流露的沟通技巧，
只要你愿意，就能轻松掌握。

使用冷读术很简单

本书将为你揭示那些冒牌占卜师、假通灵者背后的冷读术秘密，同时指导你如何在工作、生活的人际关系中巧妙运用这一技巧。

如果你了解冷读术，并且在生活中留心观察的话，你就会发现，那些在人际关系中游刃有余的人、工作中非常擅长与他人合作的人，以及那些不管走到哪里都广受欢迎的人，他们的行为中或多或少都有冷读术的影子。

掌握冷读术并不难，也无须特殊训练。那些擅长处理人际关系的高手，往往在无意识中就已经运用自如。

熟练运用冷读术，你将收获以下益处：

- 获得周围人的信任，使工作和生活更加顺利。
- 掌握撰写高质量电子邮件的方法。
- 提升在工作中的沟通技巧，如应对投诉或汇报事情。
- 在社交场合迅速与初次见面的人拉近关系。
- 轻松赢得他人的信任，扩大人脉。
- 灵活应对各种人际关系，成为受欢迎的人。
- 与不好相处的人也能无压力交往。

无论你是谁，只要改善人际关系，都能为自己的生活增添更多色彩。冷读术都能为你带来实实在在的帮助。换句话说，掌握了冷读术，你就能让自己生活得更好。

【划重点】精通冷读术，你将改变人生轨迹！

公开讲授这种技巧的原因

冷读术作为一种逆向沟通技巧，至今尚未被广泛讨论。在决定将其写成书籍出版时，我曾担心读者会误会我“教授欺诈技巧”。

然而，一次与心理咨询客户的交流改变了我的看法。

这位客户因受到不良推销员的欺骗，花了数百万日元的存款，买了毫无价值的“教材”。当时她失业在家，生活全靠存款，这次事件对她打击极大。

当我深入了解事情的经过时，我震惊地发现，那位推销员是运用了冷读术对她进行欺诈。我深感痛心，同时意识到，如果我的客户了解冷读术，她或许就能避免这场灾祸，不会被骗走那么多存款。

因此，我决定将复杂的冷读术以简单易懂的方式呈现给更多人，帮助他们避免被骗，同时在工作和生活中更加游刃有余。

冷读术的多个应用场景

- 在工作、恋爱、交友、家庭等各个领域的人际关系中都如鱼得水。
- 撰写高质量的电子邮件，让对方感受到你的真诚与理解。
- 在交涉、应对、开会等场合，利用冷读术轻松把握对方需求，使沟通更加顺畅。
- 在求职面试中，运用冷读术了解面试官的心态，为自己争取更好的机会。
- 在联谊活动或舞会上，利用冷读术迅速与陌生人拉近距离，扩展社交圈。
- 在与难相处的人交往时，运用冷读术理解对方，使相处更加和谐。

掌握冷读术，你将在人生的各个领域都更加游刃有余，轻松应对各种挑战。

冷读术的实用技巧 2

“特异说话术”——进入正题之前先闲聊

无论是拜访客户还是参加正式会议，在进入正题之前，通常都会有一段轻松的闲聊时间。这段时间不仅是为了活跃气氛，更是抓取对方潜意识、进行有效沟通的关键时机。

原因很简单，当对方以为只是闲聊时，他们的戒心会降低。这种戒心暂时降低的状态，被称为“特异时机”，是传递有用信息的最佳时机。

例如，在闲聊足球时，你可以说：“啊！是啊！我有个客户已经使用我们公司的产品十年了，他可是个狂热的球迷呢！”这句话中隐藏的信息是“我有个合作了十年的忠诚客户”和“我们公司的产品质量上乘，经得起时间的考验”。

这种技巧被称为“特异说话术”，适用于任何场合。尝试运用它，你会发现沟通变得更加简单有效。

揭秘！冷读术的魔力与诡计

真话，傻瓜也会说！

但要想说出来的话能让对方无条件相信，就要学会活用冷读术了。

信任能让谎言变得像真理一样可信

你是否想过，诈骗的谎言与工作、生活中的沟通有何共通之处？答案就是——它们都建立在信任的基础上。

当两人之间有了坚实的信任基础时，不管你说什么、做什么，对方都会倾向于给予积极的解读。相反，如果两人之间信任基础薄弱，即便是最真诚的言语也可能被误解。

比如在恋爱中，受到信任的一方即使犯了错，也能轻易找到借口被原谅。而不被信任的人，即便是最合理的行为也可能引发怀疑。

信任的力量是巨大的，而冷读术正是建立这种信任的桥梁。

通过冷读术，你可以让对方感受到“这个人真懂我”，对你敞开心扉，从而让沟通更加顺畅。

【划重点】建立前所未有的信任关系，冷读术是关键！

无论是为了谈成商业交易，还是为了建立美好的恋爱关系，在使对方打开心扉之前的沟通步骤都是通用的。冷读术在这方面非常有效。

学会活用冷读术，你将不再为沟通烦恼，人生也将因此更加精彩。

现在，让我们带着对未知的好奇与兴奋，一起探索这本书中的冷读术实践技巧，这些技巧在任何人际关系中都适用。

记住，冷读术利用的是心理学，所以才如此奏效。因此，在学习冷读术之前，建议你多多了解心理学的基础知识。一旦你掌握了这些知识，拿捏对方的心理、建立信任关系，将变得轻而易举。

冷读术的诡计
一开口就说中对方的过去、现在和未来，或者对方心中所想。
让对方觉得“这个人真懂我！”
你的过去、现在和未来……
这个人真了解我……
换句话说，在人际关系中随心所欲！

冷读术的实用技巧 3

冷静应对法——避免被占卜骗子愚弄

当你面临占卜的诱惑时，要保护自己不被冒牌占卜师或假通灵者欺骗，其实有一种极其有效的策略——那就是始终保持冷静，不做出任何反应。

无论对方说什么，你都保持沉默。当你觉得他们似乎洞悉了你的内心时，不要急于点头确认；当你觉得他们说的话早已严重跑题时，也不要显露任何不满或疑惑。你只需静静地听着他们的话，仿佛一个旁观者。

这些所谓的“读心者”通常会使用一些巧妙的提问方式，让你觉得他们并非在直接询问，而是以一种似乎只是在闲聊的方式接近你。比如，他们可能会说：“从你的手相中，我看到了与水相关的纠纷或者灾祸。你是否想起了某些事情？”

在这种情况下，你应该微笑并冷静地回应："在我告诉你我内心的秘密之前，我想先听听你对我有什么了解。"

这种回答往往会让那些所谓的读心者束手无策。

但请记住，即使你内心坚定，熟练的骗子仍可能找到机会与你互动，试图引导你进入他们的圈套。因此，你要时刻保持警惕，不要轻易被他们的言辞所迷惑。

通过运用这种冷静应对法，你可以避免被那些不怀好意的骗子所愚弄。

控制对方的心理很简单

人会在不知不觉间被他人控制。

A箱和B箱

你是否曾有过这样的体验，感觉自己的选择或行为似乎受到了某种外部力量的影响，但又说不出个所以然？这其实是人类心理上的一种常见现象，即我们在不知不觉中会受到他人的控制。

“A箱和B箱”是我经常在电视节目或者讲座上做的表演，为的是让大家切身体会潜意识在沟通中的重要性。通常表演过程如下：

我：“请你想象一下我手里有两个箱子，A箱和B箱。”

这时候我用手势表明了两个想象中的箱子的位置。

我：“现在请你凭直觉立刻选择其中一个箱子。”

对方可能会毫不犹豫地回答：“我选择A箱。”

我："为什么你要选择A箱呢？"

对方可能会回答："没什么，就是觉得……"

我通常会带着理解的微笑轻轻点头，并解释说："你可能觉得是你自己选择了A箱，但其实不然，是我让你选择了A箱。"

为什么会这样呢？

每次做这个简单的心理测试，总是有很多人自愿参加。我可以很轻易地让他们选择我所指定的箱子，这种控制并非魔法，而是一种心理学现象，一种潜意识的引导。

我会先用左手指示A箱的位置，再用右手指示B箱的位置，然后放下双手，对对方说："现在请你凭直觉立刻选择其中一个箱子。"当说到"立刻"时，我会大胆举起左手指示A箱的位置，这样，A箱的印象就会深深印在对方的潜意识里。当对方被迫用直觉选择时，A箱就会自然而然地浮现在他的脑海中。

这个过程是如此的微妙，以至于对方可能完全没有意识到自己的选择受到了影响，还以为是自己无意中做出的选择。

【划重点】这就是冷读术的魅力所在，它能在不知不觉中控制对方的心智。

不知不觉中被他人控制心理

这个“A箱和B箱”的表演我已经做过上百次，每次都能成功地让对方选择我暗示的箱子。然而，有趣的是，在我解释背后的原理之后，很多人都会不以为然地反驳，选择了A箱的人会说：“那是因为你先说了A箱，人通常对先听到的事物印象深刻”，而选择了B箱的人会说：“那是因为你后说了B箱，人会对最近听到的事物记得更牢”，他们都不愿意承认自己在不知不觉中受到了控制。

这其实是人类的一种自我保护机制，我们害怕承认自己的潜意识可以被他人轻易操控。但实际上，无论我先说A箱还是先说B箱，结果都是一样的。我成功地让对方选择了我所指定的箱子，这是一个不可否认的事实。

这确实有些“细思极恐”。所以，我们需要时刻保持警惕，了解自己的潜意识是如何被影响的，才能更好地掌控自己的行为和选择。

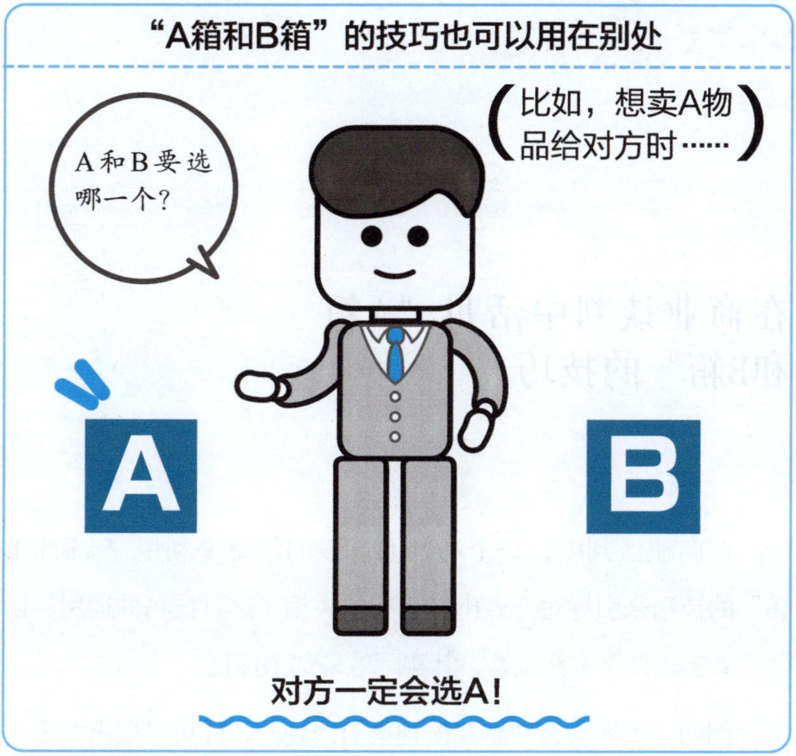
“A箱和B箱”的技巧也可以用在别处
比如，想卖A物品给对方时……
A和B要选哪一个？
A
B
对方一定会选A！

冷读术的实用技巧 4

在商业谈判中活用“A箱和B箱”的技巧

在商业谈判中，一个巧妙而有效的策略是利用“A箱和B箱”的技巧来引导对方做出你想要的决策。这种技巧的运用，虽然初看起来似乎有些微妙，其实际效果却很惊艳。

例如，当你与客户坐在谈判桌前谈判时，你可以摆出两份合约：“一份是一次性付清全款的，另一份是分期付款的。”在询问客户选择哪一份时，你要一边坚定地注视着对方的眼睛，一边轻轻地用手触碰“一次性付清全款的合约”。

当然，如果客户早已决定好要选择分期付款的合约，就另当别论了。但如果客户尚未做出明确的决定，他们就很可能会受到你的微妙引导，选择那个你更偏好的选项——在这个例子中，就是一次性付清全款的合约，并且他们不会怀疑那不是自己的想法。

这种技巧之所以有效，是因为人在决策时往往会不知不觉地受到外界暗示的影响。

是不是有点可怕?

是否了解冷读术，会导致不一样的结局。所以你要学习冷读术，这也能避免你自己被别人用这种技巧欺骗。

运用这种技巧需要谨慎和机智。你需要确保你的动作和言语不会过于明显，以免被对方识破。同时，你也需要确保你的选择是真正符合对方利益的，这样才能建立长期的信任和合作关系。只要我们以诚信和尊重为基础，合理地运用这种技巧，就可以在商业谈判中取得更好的成果。

利用潜意识，沟通更轻松

为什么有些人长相普通却能在人群中广受欢迎？

为什么有些推销员口才不怎么样却能卖出很多业绩？

他们都懂得利用潜意识。

那些不易察觉的技巧——巧妙法则的奥秘

“A箱和B箱”技巧中使用的微妙的、不易察觉的暗示技巧，就叫做巧妙法则（Subtlety）。那些冒牌占卜师、读心者或沟通专家为何能轻松操控你的潜意识，让你在不知不觉中接受他们的观点或建议？就是因为他们运用了这种潜意识暗示技巧——巧妙法则。

在现代社会，我们对外界的防御心理几乎降到了最低点。尽管我们对食品安全非常敏感和谨慎，例如，我们会担心牛肉的产地、食品添加剂和杂质的含量等，对于进入我们内心的信息，我们却出奇地迟钝。我们从未慎重地审视和过滤过从电视、网络、杂志等媒介传来的信息，又怎能斩钉截铁地说自己完全不受巧妙法则的影响呢?

读心者正是利用了我们内心的这种不设防，通过巧妙法则将信息植入我们的潜意识中。

【划重点】懂得利用潜意识，你就能超越他人。

潜意识的力量是强大的

在日常生活中，我们经常会发现自己的意志被“另一种力量”所左右。

例如，在婚礼上致辞时，虽然明知道大家都是鼓励、祝福自己的，但还是会不由自主地紧张；在思念喜欢的人时，虽然明知道工作时间要专注于工作，但还是忍不住心里开小差；虽然明知道再努力一下目标就会实现，但还是莫名提不起劲儿……

所谓“另一种力量”就是潜意识。就连不知道潜意识这个概念的孩子，都能感受到它从内心深处散发出的强大到能够战胜理智的力量。

我们通常认为自己是用自己的头脑（显意识）来思考和生活的。然而，当显意识与潜意识发生冲突时，往往是潜意识占据上风。从潜意识中涌现出的意念比用头脑做出的思考还要强大。

这一点，不用心理专家说，我们从日常生活中就可以清楚地感受到。

因此，无论是在事业上还是个人生活中，让对方在潜意识中留下良好的印象，往往比用言语说服对方更具有压倒性的效果。

潜意识与显意识
潜意识
显意识
无意中的思考
理智之外的力量
自主意志
大脑正在思考的事
把信息放进潜意识，就能控制对方的心。
运用冷读术就能做到！

冷读术的实用技巧 5

成为“理想的自己”

既然潜意识的力量如此强大，那么，要想实现彻底的转变，成为“理想的自己”，从潜意识入手无疑是最佳策略。

那么，如何操作呢？关键在于“暗示”（Affirmation），暗示是潜意识能理解的语言。

谈到暗示，我们很容易首先想到语言。实际上，行动的暗示效果更强。一个灿烂的笑容，往往比不断地说“我好高兴，我好高兴”更能真实地传达内心的喜悦。因此，如果你想成为“理想的自己”，只需每天都“模仿”那个理想自己的行为。

反之，如果你总觉得不如意的事情总是找上你，那可能是因为你的行为一直在“触发”这些不顺遂的情况。

请记住，你的每一个行为都在向潜意识发送暗示。从今天开始，尝试一点一滴地改变自己的行为吧。（关于利用潜意识成为理想自己的实用技巧，请参阅我的另一本书《潜意识思维训练》。）

足以改变人生的沟通策略

你可以自己掌握沟通的节奏。

绝对不会被拒绝的沟通技巧——双重束缚的奥秘

“双重束缚”（Double Binds）是一种不给对方说“No”的机会的沟通技巧。

当有人向你提出请求时，你的第一考虑通常是什么，是不是“Yes or No”？如果是“Yes”，你可能需要进一步了解详情；如果是“No”，你可能会开始寻找拒绝的理由。比如，当接到一个推销电话时，大多数人可能都不想深入了解对方卖的是什么，而是只想尽快拒绝。

一旦对方的脑海中形成了“No”的想法，再想改变他的主意就会异常困难。就算你使出浑身解数，对方也可能不再听你的解释。

就像下面这样：

你："可以和你约会吗？"

对方："不行，今天我很忙。"

你："那一起喝杯茶如何？"

对方："我真的没空。"

你："什么时候有空呢？"

对方："我也不确定。"

这种邀请方式，给了对方脑中浮现"No"的机会，使他们的思维进入了拒绝的模式。

因此，避免一开始的"No"的反应非常重要。

那么，如何避免这种情况呢？很简单，答案就是使用"双重束缚"的沟通技巧，让对方没有机会产生拒绝的想法。

比如这样：

你："我们去吃饭还是去喝茶？"

对方："可是我没空。"

你："那么就去喝茶吧，这样不会占用你太多时间。"

对方："嗯，喝杯茶倒也可以。"

与直接问"可以和你约会吗？"相比，"我们去吃饭还是去喝茶？"的问法让对方在语法上无法回答"No"。正常人都知道，当被问到“哪一种更好？”时，回答“不”是答非所问，不符合逻辑，所以出于情理，在你使用双重束缚技巧向对方抛出选择题时，对方的脑中一般不会产生“No”的反应，这样，对方的态度就会稍有松懈，容易产生“嗯，喝杯茶倒也可以”的想法。

这是一种极其精细的心理诱导技巧，也是巧妙法则的一部分。这种技巧能够巧妙地引导对方的心理转变，使他更容易接受你的提议。

绝对不会被拒绝的沟通技巧——双重束缚

“我们去吃饭还是去喝茶？”

“可是我没空。”

“那么就去喝茶吧，这样不会占用你太多时间。”

“嗯，喝杯茶倒也可以。”

不要去恳求对方，要以决定好的事为前提。

这就是绝对不会被拒绝的沟通技巧——双重束缚。

巧妙运用双重束缚技巧，轻松驾驭工作与恋爱

你是否曾经因为沟通不畅而陷入困境？双重束缚技巧或许能为你打开一扇新的沟通之门。一旦你掌握了这种技巧，你将能够更加自如地进行交流，至少不再轻易被对方压制，而是能够冷静地做出判断和反应。

双重束缚技巧的重点在于不要恳求对方，因为一旦你的言辞中透露出恳求的意思，就很可能立刻引发对方“No”的反应。这就需要我们运用巧妙法则的技巧来化解。

例如，想要对方做某件事情A，又不希望被拒绝，就可以这样做：

首先，不要直接恳求对方，而是以一个“已经决定做A”的前提来进行对话。这样做的好处是，你已经在心理上占据了主动

地位，不再是被动的请求者。

其次，为A提供几个具体的选项。这样做可以让对方感到你在尊重他的选择权，而不是在强加自己的意愿。同时，通过给出具体的选项，你也能够更清晰地表达自己的期望，让对方更容易理解。

掌握了双重束缚技巧，你就会发现自己在工作和恋爱中的沟通能力都得到了显著提升。你不再害怕被拒绝，而是能够自信地表达自己的想法和期望。这将为你带来更多的成就感和满足感。

受益者故事 1

揭秘冒牌占卜师的冷读术

我从石井老师那里学到了冷读术，这是一种能够洞察人心、准确判断他人想法的神奇技巧。然而，我并不仅仅满足于在日常沟通中运用它，更想尝试成为一名真正的“冒牌占卜师”，去探索它的极限。

作为一个对命理学一无所知的人，我究竟能利用冷读术让人们相信到什么程度呢？我决定进行一次实验。我请朋友帮忙宣传我是一位“非常准的占卜师”，然后朋友介绍了一位女性来占卜。

这位女性年纪不到30岁，看起来有些好胜心。她对占卜持有一定的怀疑，但也并非完全不信。

我拿出了一副塔罗牌——其实我完全不懂塔罗牌，这副牌是上个月才买的。但经过一些处理（用红茶浸泡—曝晒数天—用砂纸轻轻打磨），这副牌看起来好像已经使用了几十年。

我慢慢地将牌放在桌子上，开始了我的表演。

“你相信同步性吗？”我问她。

“同步性？”她有些疑惑。

“就是本来没有关联的事件同时发生。比如，我今天给6个人占卜了，他们的血型都是B型。你是第7个，当然也是B型。”

“是的，我的血型是B型。你怎么知道？”她惊讶地问。

“这就是同步性的力量呀！表面上是偶然的事件，其实背后有着我们不知道的法则在引导。”我解释道。

这其实是冷读术中的高级技巧——动态分叉。它需要绝佳的时机和弹性的说话方式。

当然，我所说的今天占卜的6个人的血型都是B型完全是瞎编的。我一边说，一边观察她的表情。如果她没有太大反应，那就说明她不是B型。此时，我就会说：“好不容易遇到第7个人的你，不是B型。”但此时，我看到她脸上掠过一丝惊讶，所以我知道她是B型血。

“你现在正为人际关系而烦恼吗？”我继续问。

“人际关系？”她有些疑惑。

“比如职场问题、亲子问题、恋爱问题等。”我进一步解释道。

“没错，我的恋情确实有点问题……”她开始吐露心声。

这就是冷读术的基本技巧之一——巧妙质问法（Subtlety Question）,具体可参见后面第104页。通过宽泛地解释“人际关系”这个模糊的主题，然后引导她自己帮助我把范围缩小到“恋爱问题”，自己说出问题的所在。

我若无其事地从她口中套出了信息，这就是巧妙质问法的魅力所在。

“你好像不知道如何是好，感到很困惑？”我继续问。

“是的，的确如此。你怎么知道？”她惊讶地问。

“你心里几乎已有答案，但又缺乏自信。是不是这种状况？”我继续引导她。

“是的。虽然我已经下定决心分手，但他还是对我很体贴，所以我一直在犹豫……”她开始流露出真实的情感。

“他在社会上似乎是个有成就的人，嗯，不是普通的恋爱关系吧？”我继续试探。

“是的，他是我们公司的事业部长，其实……”她终于说出了真相。

“和上司谈恋爱很辛苦吧？”我直接问道。

“是的……”她点了点头，开始哭泣。

其实我只是使用了适合Me型（详见第三部分）女性的“例行话题”而已。

在冷读术中，咨询者被简单地分为Me型和We型两类。例行话题是针对各种情况都适用的通用说法，也就是说，我只不过是说了些毫无针对性的套话而已。

然而，令人惊讶的是，她竟然在这么短的时间内就向我（一个第一次见面的陌生人）吐露了一直隐藏的烦恼和秘密。这让我感到非常震惊和不安。我开始思考，如果我动了坏念头，大概要她做什么她就会做什么，要她相信什么她就会相信什么。但是，作为一名正派的读心者，我的道德感绝不允许我利用她的单纯和信任。

“重要的不是占卜结果，而是你要相信自己并采取正确的行动。也许会受到伤害，也许会感到寂寞，但请你坚持自己认为正确的方向。只要你能坚持下去，你就一定会得到幸福的。塔罗牌是这样显示的。”我安慰她道。

“谢谢你！”她感激地说。

此时的气氛已经与刚见面时那种紧绷的感觉截然不同，她脸上露出了灿烂的笑容。虽然只是5分钟的占卜过程，她却多次道谢后才离开。

这次经历让我深刻体会到，使用冷读术确实可以成为冒牌占卜师，并让人们深信不疑。但是，我也意识到这个技巧有着潜在风险。因此，我必须时刻保持警惕，并牢记石井老师的教诲：“只要掌握了一些心理学的技巧，谁都能够骗人。但我们的目标应该是更高的，使人幸福要比骗人难得多。我们应该为使人幸福而磨炼技巧。”

在领会冷读术的同时，我也强烈意识到，我们应该用它来帮助那些需要帮助的人，真正发挥冷读术的力量，并为社会带来积极的影响。

（W.K，35岁，作家）

Part 1

冷读术背后的奥秘

你是否好奇，为何冷读术会有如此神奇的效果？其实，它背后的秘密很简单——那就是深入了解人的心理，从而掌握优势。

巴纳姆效应与自我认知的局限

人一旦被卷入特定情境，就会失去理智判断的能力。

自我认知是有局限的

人们常常认为自己很了解自己，但事实并非如此。

1948年，心理学家伯特伦·福勒做了一个引人深思的实验。他让学生完成一份性格测试，然后给每个学生出具了一份心理诊断报告，并告诉他们该诊断报告是基于他们的性格测试结果得出的，最后统计学生对诊断报告的认可程度。

令人震惊的是，尽管这些诊断报告实际上是从车站小商店购买的杂志中随机挑选、拼凑而成的，甚至它们的内容都是完全一样的，学生却给予了极高的评分——4.3分（满分5分）。也就是说，他们认为诊断报告有86%的准确率，更有41%的学生认为报告“完全”符合他们的性格。

这一实验揭示了“巴纳姆效应”的核心——人的自我评价常常是不可靠的。

为何学生会如此轻易地被误导呢?

因为当被告知这份报告“专属于你”时，他们心理上就被卷入了这个情境，从而难以进行客观的判断，更不会去思考“这份报告是不是适用于任何人”。

据说时隔30年，伯特伦·福勒又做了一次同样的实验，结果依然如此。时至今日，人们还常常会被类似的事物所蒙骗，甚至毫无察觉，因为他们自始至终都没有被骗的感觉。

【划重点】把对方的心理卷入一定的情境中，对方的想法和行为就会被影响。

情境卷入的力量

这一原理在日常生活中随处可见。比如，当我们看到杂志上的心理小测试专栏时，可能并不会觉得它有多准确，但如果是街头的“占卜师”，一边观察你的手相，一边为你进行推测，即使他所说的话与杂志上的内容无异，我们也会觉得“说得真准”。这是因为，当我们感受到“占卜师”是“专为我们”进行推测时，心理上就被这种情境深深吸引了。

福勒教授的性格诊断测试

你是否曾被一段描述所触动，觉得它几乎揭示了你内心深处的秘密？这就是福勒教授的性格诊断测试所带来的奇妙体验。

以下描述有多少与你吻合的呢?

☐ 你有时会有不切实际的渴望。

☐ 有时你很外向，善于交际，与人相处融洽；有时你又非常内向，谨慎小心，享受独处的时光。

☐ 你从过去的人生经验中学到，过度坦率地表现自己并不总是明智之举。

☐ 你认为自己是比较有想法的，不会轻易相信他人所言。

☐ 你热爱一定程度的变化和自由，不喜欢受到束缚或限制。

☐ 你有时会怀疑自己的人生选择是错误的。

☐ 你表面上看起来很自信，实则内心深处也有不安的一面。

- □ 虽然你的性格有些小缺点，但大体上你都能够很好地弥补。
- □ 你体内沉睡着尚未被发掘的才能，只等待合适的时机去展现。
- □ 你对自己有着一些过于严格的要求。
- □ 你强烈渴望被人喜欢和认同。

读完这段描述，你是否觉得它仿佛就是为你量身定制的？这就是巴纳姆效应的魅力所在。它让我们相信，这些描述是专门为我们而写，从而让我们在心理上被深深卷入其中。但实际上，这些描述是如此宽泛和普遍，以至于几乎可以适用于任何人。

所以，当你再次读到类似的性格描述时，不妨保持一份理性和客观。虽然它们可能让你感到被理解和认同，但真正的自我认知需要建立在深入反思和客观评估的基础上。只有这样，我们才能更好地了解自己，发现真正的自我。

冷读术的实用技巧 7

巧妙打开对方心扉的秘诀

在爱情和事业的征途中，我们都渴望能够与他人建立深厚的联系。而要实现这一点，关键的第一步就是让对方对你敞开心扉。但如何做到这一点呢？

最重要的是先要敞开自己的心扉，但是，单纯地告诉对方“我已经对你敞开心扉了”是远远不够的。真正有效的是，通过微妙的暗示来影响对方的潜意识。

这里有一个简单而实用的方法，可以帮助你实现这一目标。在与别人交谈时，你可以尝试通过变换姿势或做手势，自然而然地露出你的手掌。

我们都知道，当狗想要表达亲昵或投降时，它们会露出自己的肚子。同样地，人的手掌也象征着脆弱和真诚。当你无意识地露出手掌时，对方的潜意识就会接收到这样的信息：“这个人并没有对我设防，他是真心实意地与我交流。”

相反，如果对方在交谈时总是两手交叉，隐藏着手掌，那就意味着他仍然处于防御状态。此时，你需要更加耐心地引导他，帮助他放松警惕，打开心扉。

所以，在与人交往时，不妨多留意自己的手势和姿势。通过展现真诚和信任的态度，你就能够更容易地打开对方的心扉，进而建立起深厚的情感联系。

星座与血型并非关键：解读“信任冒牌占卜师”的心理

让对方主动说出自己的事，他就会很快进入情境。

信不信？是你主动泄露了自己的信息

你是否曾好奇，为何冒牌占卜师的话总能让你深信不疑？其实，这背后隐藏着一种微妙的心理效应。冷读术并非真正“说中”了咨询者的一切，大部分信息都是咨询者自己说出来的。很多时候，咨询者会不自觉地透露自己的信息，却浑然不觉，反而误以为“被说中了”。

举个简单的例子。

冒牌占卜师：“我看见了红色的地毯，你有没有想到什么？”

你：“红色地毯？”

冒牌占卜师：“对，你好像在红色地毯附近寻找什么。”

你："对了！上个星期去了电影院，没错，那里的确有红色地毯。"

此时，你可能会误以为冒牌占卜师从一开始就预见到了你的行动。但实际上，冒牌占卜师只提示了"红色地毯"这一信息，"上个星期去了电影院"是咨询者自己说出来的。他只是巧妙地创造了一个模糊的情境，就让你自然而然地代入自己的经历，误以为他洞察了你的过去。

这是一个很简单的例子，后面我还会讲述其他技巧。

人们总是最关心自己

上述例子揭示了一个重要的心理现象：人们总是最关心自己。读心者给出了一个模糊的情境，咨询者就下意识代入了自己的情况，说出了自己的信息，"帮助"读心者共同完成了对自己的洞察/预测。

星座也好，血型也罢，其实都不是人们最关心的。不论在什么时代，人们都对与自己相关的事物抱有极大的兴趣。因此，当你与他人交流时，只要设法引导对方谈论他自己关心的事情，就能迅速拉近彼此的距离。

【划重点】人们总是最关心自己。

例如，作为一个新手业务员，你可能会发现客户似乎对你的产品并不感兴趣。事实上，谁都不会关心你的产品，人们最关心的只是自己。因此，你应该学会引导客户谈论他们的工作或生活，让他们感受到你的关心和共鸣。一旦客户开始谈论自己，他们就会不自觉地卷入你的推销布局，你也就能掌握客户的偏好和需求，从而增加成交的可能性。

人最关心的是自己

看集体合照时最先找的也是自己

因此，引导对方多讲自己的事，就能不断收集信息。

所谓的“会读心术的人”利用的就是这种心理。

冷读术的实用技巧 8

深入人心的倾听艺术

在人际交往中，我们常常误以为只有通过深入的交谈才能给对方留下好印象。实际上，许多时候，我们对彼此的印象是在交谈之外的细节中形成的。即使对话再流畅、再愉快，也可能因为一些微妙的非语言因素而未能赢得对方的好感。

因此，掌握一种从潜意识层面给对方留下好印象的技巧至关重要。

其实关键并不在于你如何说话，而在于你如何倾听。

当对方说话时，他们会时不时地“喘口气”，这是自然的呼吸和停顿，以便换气、思考并继续表达。在这个短暂的瞬间，你可以尝试一个简单而有效的技巧——跟随对方的呼吸节奏，慢慢地点头。

这个点头并不是对对方说话内容的直接回应，而是与他们的呼吸节奏同步。你可以想象自己是在配合对方的呼吸，如同母亲轻轻拍打婴儿入睡一般。这样深深地、慢慢地点头，会在对方的潜意识中传达出一种安心和被理解的感觉。

虽然初次尝试可能会觉得有些不自然，但只要你稍加练习，就会发现这种倾听艺术其实非常简单且有效。通过这种方式，你不仅能够更好地与对方建立联系，还能在无形中给对方留下深刻的良好印象。

揭秘“受骗者心理”：希望与渴望

我们都不傻，为什么还是会被骗？

希望那是真的

在人生的某些阶段，我们可能都会成为那个被谎言所迷惑的人。当遭遇欺骗时，被骗者内心往往怀揣着一个愿望：“希望那是真的。”

想象一下，那些因孩子意外离世而悲痛欲绝的父母。在巨大的痛苦中，听到有人告诉他们：“孩子并没有真正离开，他会在某个时刻回来。”即便理智告诉他们这是不可能的，但内心深处，他们仍然渴望这是真的。因为无法接受现实，他们只能依赖这样的谎言度日，甚至为此做出很多荒唐的事，付出巨大的代价。

也许你会认为：“这种话也信，也太蠢了！”其实不然，这些人之所以受骗，并非因为他们愚蠢，而是因为他们内心深处对那个谎言抱有真诚的希望。

无论何时何地，受骗者总是强烈地渴望那些谎言能成为现实。

【划重点】冷读术——巧妙打开心扉的艺术。

读心者有办法让你打开心扉

现在，让我们来探讨冷读术这个心理学技巧是如何发挥作用的。这个技巧的核心在于如何巧妙地利用人们的心理，使他们在不知不觉中打开心扉。

比如，你可能会听到这样的评价："你不太能对人敞开心扉，这真的很可惜。其实，你拥有丰富的感情，而且很有魅力，只是这些特质还没有被完全展现出来。"

这样的说法看似随意，实则是一个精心设计的圈套。

如果对方直接赞美你："你是一个感情丰富、充满魅力的人。"你可能会立刻产生警觉："这不过是一句奉承话，我才不会相信。"但是，在上面的例子中，对方巧妙地指出了你的"潜在优点""只是还没有全部展现出来"。

这样的说法让你觉得，自己其实是一个很有魅力的人。这种自我认同让你感到高兴，并希望这是真的。于是，你会开始努力表现出这些潜在的优点，试图让它们成为现实。

为了实现这一点，你就需要“对人敞开心扉”，因为只有这样，你才能更好地展现你的魅力。不知不觉中，你就对那个读心者敞开了心扉。这就是冷读术的高明之处——它让你在相信谎言的同时，也实现了自我改变，卸掉了你的防备。

不着痕迹的奉承话

例如：
- 相比一味接受，主动付出更能让你感到幸福
- 你经常有很多灵感
- 信赖你的人非常多
- 其实你为人很真诚，只不过经常被误会

人们往往不会被直白的奉承话所欺骗，但很愿意相信不着痕迹的奉承话，这就是人们普遍的心理。

↓

所谓的“会读心术的人”利用的就是这种心理。

冷读术的实用技巧 9

利用“同频”语言，轻松打开心扉

在人际关系中，无论是工作还是恋爱，如何快速拉近距离、建立信任感是关键。有一个非常实用的方法，就是使用“同频”语言，即在交谈中模仿对方使用的特殊词汇或表达方式。

比如，当对方提到“今年想试试多一些挑战”时，你就可以在后续的对话中巧妙地融入“挑战”这个词。无论是点菜时说：“我平常不太敢尝试日本酒，但今天决定‘挑战’一下。”还是在讨论工作时表示：“我现在的工作确实充满了‘挑战’。”这样的表达方式都会让对方感受到你们之间的共鸣。

随着对话中“挑战”一词的频繁出现，对方会逐渐对你产生好感，认为你们在很多事情上都有着相似的看法和态度。这种好感的累积会促进彼此之间的信任感，使得沟通更加顺畅，关系更加亲密。

所以，在与人交流时，不妨多留意对方的用词习惯，并在适当的时机运用“同频”语言。你会发现，这不仅有助于打开对方的心扉，还能让你们的交流更加有趣、深入。

选择性记忆的陷阱：恋爱中的错觉

人的记忆是有欺骗性的，我们只会对自己感兴趣的部分记忆深刻。

恋爱容易让人上当

恋爱中的我们，有时会被自己的想象和期待所迷惑。记得高中时，我爱上了一个同班的女同学，她的生日是1月23日。自那以后，我惊奇地发现，每当我无意中查看手表，上面的时间总是与“1、2、3”这3个数字有关，比如1点23分、12点03分等。

我不禁陷入沉思：为何每次看时间，都如此巧合地与她的生日数字相关？我坚信这绝非偶然，背后定有深意。尽管嘲笑我吧！我当时只是一个因为陷入恋爱而过度敏感、兴奋的高中生，不顾一切地想与对方产生任何联系。如果不是因为恋爱，我应该不会那么蠢。

我们每天都会多次查看时间，但往往对大多数时间毫无印象，比如，如果手表上的时间是5点45分，我不会特意记住这个时间，甚至过一会儿就会忘记自己刚才看过手表；而如果时间是1点23分或12点03分，这个巧合就会对我产生强烈的吸引，让我印象深刻，因此在之后回想起来时，我就会相信“只要我一看手表，就一定会出现1、2、3的组合”。

这背后的原理就是“选择性记忆”——刻意记住感兴趣的信息，其他关联性不强的信息，就算真的看过、听过，也会很快忘记。（实际上，那些关联性不强的信息依然留在潜意识中，只不过有时候人们不会去刻意回想，有时候是真的想不起来。）

【划重点】当事情恰好与我们的某种期待或关心相符时，我们就会对此留下深刻的印象。冷读术就是利用了选择性记忆。

没说中的事就忘了

在读心者与咨询者建立了信任关系后，咨询者往往只会对读心者说中的部分留下深刻印象，而忽略那些没有说中的部分，因此觉得读心者“全部都说中了”。这是因为人们往往倾向于记住符合自己期望和信念的信息，而忽略那些与之相悖的信息。

对于那些迷信占卜的人来说，他们并非因为“占卜师”说得准确而觉得其收费高，而是因为收费高而觉得“占卜师”说得准确。同样，他们也不是因为“占卜师”真的厉害而排队等候，而是因为看到许多人排队等候才觉得“占卜师”很厉害。

这再次证明，我们往往不是根据事实来做出评价，而是根据自己的期望和信念来构建我们对世界的认知。因此，在恋爱和生活中，我们都需要保持一种理性和客观的态度，不被自己的想象和期待所蒙蔽。

潜意识记忆与显意识记忆

潜意识记忆

记得所有发生过的事，
只是想不起来。

显意识记忆

只会刻意记得感兴趣的
事（选择性记忆）。

↓

读心者会利用我们的选择性记忆。

让自己看起来更美的秘诀

我们都想在工作和恋爱中展现出最佳的一面，而“颜值”的高低往往能给人留下深刻的印象。你知道吗？每个人的面容都不是完全对称的，总有一边看起来更有魅力。那么，如何巧妙地展现自己更美的一面呢?

首先，请仔细观察你的照片或照照镜子，确认你的面部特征。其次，试着画一条连接你两眼眼尾的线（我们称之为A线）和连接两个嘴角的线（我们称之为B线）。由于大多数人的面部都是左右不对称的，所以A线和B线往往不会完全平行，而是有一边较窄，另一边较宽。在与人面对面交流或拍照时，不要总是正面相对。稍微侧身，将A线和B线距离较宽的一侧稍微转向对方，这样会使你看起来更加美丽动人。

为什么呢？这涉及人们普遍接受的“远近法”概念。我们的眼睛习惯于认为近处的东西看起来更大，远处的东西看起来更小。如果你的脸在近处看起来比较窄小，就会打破“远小近大”的自然规律，显得不那么自然。

所以，下次当你想要给人留下深刻印象时，不妨试试这个小技巧，展现你更美的一面吧！

记忆的真相：加工与选择

没有什么比人的记忆更靠不住的了，
了解它就不用怕。

记忆检查

我们常以为记忆是事实的忠实记录者，但事实并非如此。记忆其实更倾向于保留我们的印象，而非纯粹的事实。以占卜为例，人们往往对说中的部分印象深刻，那些没有说中的部分则容易被遗忘。

或许你会质疑："人的记忆真的如此不可靠吗？"那么，让我们来做个简单的实验。

请回想你昨天与某人对话的场景。这个人可能是你的同事、伴侣或家人。你还记得当时的情景吗？周围的环境如何？那是什么场所？附近有什么？

只是昨天的事情而已，我相信你能够回想起一些细节。但请注意，在你回想的画面里，你应该能看到自己的身影，对吧？这其实意味着你是从第三者的视角来回想这段记忆的，而非自己的实际视角。

仔细想一想，如果这段记忆是真实的，你应该只能看到自己视线所及的影像，而不应该看到自己的身影。这种现象就说明，我们的记忆并非如实记录，而是在我们的脑海中经过重构的。

【划重点】读心者即使说错了80%也不怕，只要说对20%，就足够让你信任他了。

记忆的加工与选择

经过这样的思考，你是不是开始对你的记忆产生了些许怀疑？实际上，没有任何证据能够证明我们记忆中的事情确实发生过。记忆在每次回想时都会被加工，而加工的效果受到选择性记忆的影响。

读心者正是利用了记忆的这种特点。他们知道，即使他们的推测有八成是错误的，只要有两成能准确击中咨询者的心，就足以让咨询者产生“说得真准”的印象。因此，他们总是努力确保那两成的准确率，从而建立起与咨询者之间的信任。

记忆的机制

- 只收集发生过的信息
- 将收集的信息进行加工
- 回想起来的记忆是被加工过的

↓

即使说错了八成也不怕，因为人的记忆是不真实的，所以只要说对两成就足以让对方惊讶。

↓

读心者可以对记忆做任何有利于自己的加工。

冷读术的实用技巧 11

如何与难相处的上司和谐共处

在职场中，难免会遇到一些难以相处的上司，他们的存在似乎总是让人倍感压力，甚至影响工作的积极性。没关系，即使面对这样的上司，也有方法可以让我们保持愉悦的心情，并与之和谐相处。

一个简单而有效的方法就是，在与上司见面时，尝试在脑海中为他描绘一个有趣的形象——比如，想象他戴上秃头面具、贴上小胡须，或者想象他穿着米老鼠的服装（可以充分发挥你的幽默感，不管什么样的奇装异服，只要让你觉得可笑都可以）。这样的想象可以帮助你减轻对上司的畏惧和紧张感，让你的心情更加放松。当你在脑海中勾画上司滑稽可笑的模样时，自然而然地就会露出微笑，这种微笑不仅能够帮助你缓解压力，还能够改善你与上司的关系。

对于更加难以相处的上司，我们可以利用这种想象的落差来增加“笑”果。想象一下，如果上司戴着秃头面具对你严厉训斥，或者穿着卡通服饰对你口出恶言，那种滑稽的场景就足以让你笑出声来。这种幽默感不仅能够帮助我们保持愉悦的心情，还能够让我们更加理性地面对上司的批评和指责。

当然，在面对难以相处的上司时，运用这些能够保持积极心态和幽默感的小技巧，绝不代表对上司的不尊重和戏弄。在任何人际关系中，尊重和了解都是和谐共处的前提，运用小技巧能够改善自己的心态，但也要注意不要过分夸张，让对方误以为你在戏弄他，这样会起到反作用。

矛盾心理——每个人都有两副面孔

发现对方不为人知的一面，他会对你敞开心扉。

每个人都有两副面孔

“你表面看起来很直率、开朗，所以别人面对你时常常无所顾忌，想说什么就说什么，但其实你也很容易被难听的话伤害，对吧？”

如果对一个看起来外向、开朗的人这么说，那人大概率会觉得你“说得真准”，甚至他们还会对你说：“真没想到我们第一次见面，你就这么懂我！”

人的内心都是矛盾的，即使不知道“矛盾心理”（Ambivalence）这个心理学上的专业术语，我们在日常生活中也能感受得到，每个人都是有两副面孔的。例如，越是一直以来都很要强的人，在事情发展不称心时越容易受到挫折的打击，同时他又会觉得自己的受挫感这么强是一种意志薄弱、不坚强的表现；越是随和、体贴、很会照顾别人的人，越容易对别人的刻薄、自私、粗鲁感到气愤，但转念他又会因此自责："我这样想别人未免太苛刻了"。就像硬币的两面一样，一个人如果在某方面的个性特别明显,那么他身上也会存在着与之相反的另一面，这样，整体的平衡才能得以维持。

【划重点】要学会夸赞对方与表象相反的一面。

冷读术可以利用这种矛盾心理

正是因为每个人都有两副面孔的矛盾心理，冷读术才能发挥作用。也就是说，从与表象相反的一面去评价一个人，一定不会说错。前文中的"巴南教授的性格诊断测试"，其中有几条就是利用了这个心理，例如：

"有时你很外向，善于交际，与人相处融洽；有时你又非常内向，谨慎小心，享受独处的时光。"

"你表面上看起来很自信，实则内心深处也有不安的一面。"

我们先看第一句话，这句话无论对一个外向的人说，还是对一个内向的人说，其实都不会出错。因为人都是具有两面性的，没有人会一直外向，也没有人在任何情况下都是内向的。利用矛盾心理揭露对方的两副面孔，对方就会觉得“啊！说得真准！”你对他的推测也就成功了。

因此，只要读心者先故作严厉地说：“你的个性比较好胜”，再语气略微温和地说出反面：“但你内心深处也有温柔的一面”，就一定会让咨询者觉得“很准”。因为从咨询者的角度来看，读心者透过表象看到了心中的“另一个自己”。

【划重点】人总是希望自己隐藏在内心深处的痛苦和矛盾能够被别人看见、理解。

你也有两副面孔

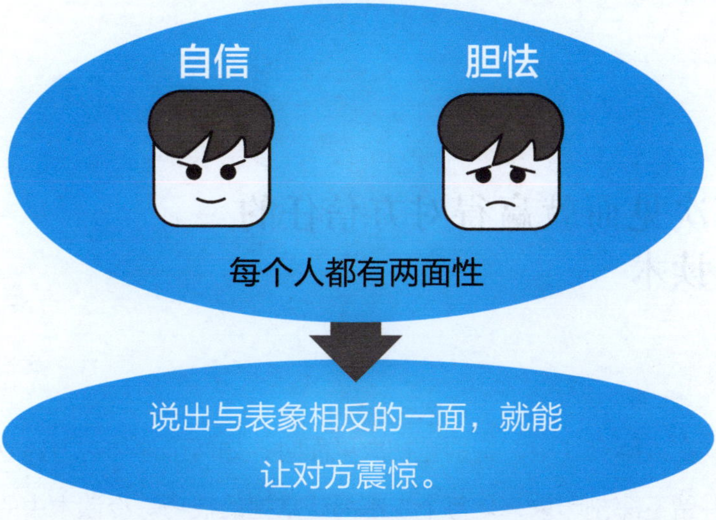

例如：虽然你看起来没经历过什么痛苦，很乐观，但其实你自己渡过了很多难关吧！

冷读术的实用技巧 12

初次见面就赢得对方信任的冷读术

在人际交往中，特别是初次见面时，如何迅速与对方建立信任并留下深刻印象，是每个人都渴望掌握的技巧。冷读术中的一项基本技巧可以帮助我们实现这一目标，那就是通过观察说出其好朋友与其本人完全相反的特征。

例如，在一次联谊活动中，你与一个新认识的新朋友交谈。如果她给人的印象是忠诚且稳重，那么你可以试着说："我觉得，你的好朋友可能是一个性格开朗、喜欢热闹的人吧？"同样地，如果对方看起来很有领导力，那么你可以说："我猜，你好朋友的性格是不是安静、温顺的？"这种方法不仅适用于性格描述，也可以延伸到外表特征上。例如，如果对方是短发女性，你就可以猜测她的好友可能是长发。

这种技巧之所以有效，是因为人们在选择朋友时虽然倾向于与自己性格相似的人，但真正的好朋友往往是性格互补的。这也体现了人类的矛盾心理：我们内心深处往往隐藏着与外在表现截然不同的另一面，而这种隐藏在潜意识中的自己，更容易在好朋友身上找到共鸣。

受益者故事 2

运用冷读术在联谊活动中收获好人缘

在实际应用中，一位系统工程师M·N分享了他的经历。由于工作性质，他很难在职场中遇到性情相投的异性，于是他开始参加联谊活动。

联谊活动一般参加的人比较多，彼此之间能聊上两三分钟就已经很好了，很难与对方有深入的交流机会。久而久之，他发现，在与心仪女生只有短短几分钟时间的交流里，传统的聊天方式，诸如问一些“你对什么感兴趣？”“你假期一般都去做点什么？”等问题，很难让心仪女生对自己产生深刻印象，更不用说建立信任关系了。

不过，自从他学习了冷读术并付诸实践后，情况发生了翻天覆地的变化。

M·N会运用冷读术的技巧，通过观察并说出女生的潜在特质来与她们建立联系。例如，在一次在联谊活动中，他是这样做的：

M·N：“M小姐，你给人的第一印象是有些冷淡，但我能感觉到，你其实是一个非常温柔的人。我猜，你以前对男朋友也是这样吧？”

M小姐：“是啊，对于喜欢的人，我是很用心的。”

这种精准的洞察和体贴的话语往往能迅速赢得对方的信任和好感。

M·N表示，通过运用冷读术，他在联谊活动中大受欢迎。此外，在其他场合，他也能在有限的时间内与初次见面的人建立深厚的信任关系，一改往日频频“吃闭门羹”的窘境。

现在，他的人际关系更加顺畅，生活也更加快乐。这个技巧不仅适用于恋爱场合，也可以用于工作中的商务交往和人脉拓展。

（M·N，29岁，系统工程师）

Part 2

冷读术入门——每个人都能轻易掌握的基本技巧

通过一些小技巧，我们可以掌握冷读术的运用法则，在不经意间达到自己的目的，获取对方的信息，与对方更好地交流。

例行话题：顺利启动谈话的技巧

不知道说什么的时候，就抛出例行话题。

每个人都有过类似经验

在与人交往时，尤其是初次见面时，我们常会面临一个共同的难题：不知道从何说起。此时，冷读术中的“例行话题”就能派上大用场。如同前面介绍的巴南性格诊断测试样，这些事先准备好的“通用语、惯用语”，适用于大多数人，是启动交谈的绝佳工具。

通过例行话题，我们可以迅速打开话匣子，与对方建立起初步的联系。

例如，你可以这样说：

“我觉得你是那种在人际交往中，总是把对方的快乐看得比自己更重要的人，对吧？”

“我感觉你其实很在乎身边的人，但有时可能会因为某些原因，对方并没有完全理解你的心意。”

“你曾经也遭到过背叛吧？”

“你在感情方面的直觉好像很准？”

“一旦喜欢上一个人，你会为了迎合对方的期待去妥协。”

这些例行话题，虽然看似泛泛而谈，但当你以真诚的态度和对方分享时，往往会得到意想不到的回应：

“你怎么知道？”

对方会想：“这个人也许真的能理解我的内心”，从而开始信任你，愿意与你分享更多关于自己的故事。

例行话题是交谈的开始

冷读术中的例行话题不仅适用于面对面的交流，也可以通过电话、电子邮件等方式进行。即使你没有与对方直接见面，也能通过这些例行话题，在某种程度上说中对方的事情，赢得对方的信任。

在面对面的交谈中，如果你感到有些尴尬或找不到合适的话题，例行话题同样是一个很好的选择。它们可以帮助你填补空白，避免冷场，让交谈更加流畅。

例如，你可以观察对方周围的环境或细节，然后以此为话题展开。比如，“你房间里有一本每期必买但已停刊的杂志

（看来你很喜欢这本杂志）”“你左膝上有旧伤（以前受过伤）”“你有一只手表坏了但没修理/有过期的药还没扔（你最近很忙）”“你屋里有一张桌子的抽屉拉不动还总吱吱作响（你经济有些拮据）”等。

这样的例行话题准确率都很高，不仅能让对方感到被关注，还能引导对方分享更多关于自己的故事。

精选例行话题，助你轻松启动对话

- 信任与距离：“我相信你曾经被信任的人背叛过，这让你在与人交往时更加谨慎。你从那次经历中学到了，信任虽好，但适当的怀疑也是必要的。”
- 耐心与失败：“我注意到，你曾经因为过于冲动而快速做出决定，结果并不如预期。如果当时能多一些耐心，情况或许会更好。但失败也让你学到了宝贵的经验。”
- 工作与薪水：“从你的工作内容来看，我猜你对目前的薪水感到不太满意，认为自己的付出没有得到应有的回报。”
- 家庭：“你家人的事情也许让你感到有些压力。”
- 直觉与交往：“你是一个直觉敏锐的人，即使与人初次见面，也能迅速看出对方的性格。但有时因为过于敏感，知道得太多反而让你在人际交往中感到不自在。”
- 情感与表达：“我觉得你是一个感情丰富的人，但可能不擅长表达。有时会让人误解你，给你贴上冷淡的标签。”

- 经济："最近，你是不是遇到了一些经济上的小问题？"
- 危机与贵人："即使面对看似无望的危机，你也总能在最后关头遇到贵人相助。我相信，在你的过去中，这样的经历不止一次，你经常受到贵人的庇护。"
- 可靠："你的朋友或同事是不是经常找你商量事情？这说明你具有一种可靠的特质，让人感到安心。"
- 拖延与实力："我知道你有时会因为怕麻烦而拖延一些事情。但请相信，你拥有强大的实力，只要积极行动，一定能取得更好的成果。"
- 期待与耐心："最近，你是不是对某些事情抱有期待，但进展并不如你想象的顺利？请不要着急，这些事情可能需要更多的时间，耐心是成功的关键。"
- 隐藏与渴望："尽管你试图隐藏，但我依然能感受到你内心对某件事情的渴望。你表情中透露出了希望的光，我相信，一切都会朝着最好的方向发展。"

你是不是也被说中了？

想一想，还有哪些类似的例行话题？记录下来！

冷读术的实用技巧 13

通过戒指位置洞察对方心理

你是否注意过，人们通常会将戒指戴在不同的手指上？实际上，这个看似微小的选择，却可能透露出他们内心深处的某些心理弱点。

如果你发现某人将戒指戴在大拇指上，这往往意味着他们的心中可能隐藏着某些不安。对于这样的人，你可以通过一些安慰的话语，如“放心吧”“别担心”“有需要随时找我”等，来帮助他们缓解内心的不安。

如果戒指被戴在食指上，这可能表示此人心中感到某种恐惧。在这种情况下，你可以通过分享类似的经历或提供一些实际的建议，来帮助他们克服恐惧。

当某人的中指上佩戴戒指时，这通常意味着此人内心可能压抑着某些愤怒。对于这样的人，你需要展现出理解和包容，避免直接触发他们的愤怒点。

戒指戴在无名指上的人，往往有情绪不稳定的倾向。与他们交流时，需要更加耐心和细心，避免任何可能引发他们情绪波动的话题。

如果戒指被戴在小拇指上，就可能表示此人内心感到紧张或压力。你可以通过一些轻松的话题或活动，帮助他们放松心情，减轻压力。

大脑很大程度上掌管着我们的手指，因此人的情绪很容易体现在手指上，人们下意识会用饰品来防御心理上的弱点。

观察戒指的佩戴位置，可以帮助我们更深入地了解他人的心理状态。但请记住，我们的目的是理解和帮助他们，而不是利用这些弱点去攻击或伤害他们。

实践！如何巧妙运用例行话题

想要对方听你的，就要巧用“Yes-Set”（是的组合）。

“是的组合”是例行话题的精髓

在人际沟通中，使用例行话题开启谈话，虽然有一定的效果，但像“你曾经遭到过背叛”这种话，即使说中了，也没什么，并不具备真正的“杀伤力”。

冷读术的精髓在于积累例行话题，这不仅仅是一种推测手段，更是构建“是的组合”的关键工具。“是的组合”，是指通过一系列问题或陈述，引导对方产生连续性的肯定回答，从而营造一种相互信任和理解的氛围。

日本之前有一个游戏叫做“说10次‘Pizza’”，玩法是让参与者连续说10次“Pizza”，然后立刻指着手肘（日语读作Hiji）问：“这是什么地方”，参与者往往会下意识回答：“膝盖”

（日语读作Hiza）。

【划重点】反复做同样的事，思维就容易被带跑。

这背后其实蕴含了心理学中的“渠道”原理（Canalization Principle）。通过反复强调和积累肯定性的信息，我们实际上在对方心中铺设了一条倾向于接受和认同我们话语的“渠道”。这样一来，对方会下意识地想顺着你说“是的”。

设定“是的组合”，获得对方的信任

在谈生意之前，不断地与对方交谈一些他们可能认同的话题，如“今天的天气真不错”“你最近工作一定很忙吧”“听说你们公司最近推出了新产品”，目的是积累对方肯定性的回答：“天气变暖和了”“承蒙关照，最近挺忙的”。哪怕对方没有开口说话，只是点头表示，效果也差不多，只要能得到肯定性的反应就行。

这种肯定性对话的积累，能够在对方心里铺设一条认同你的“渠道”。

例行话题的精髓就在于此。在开启对话时，通过一些“没什么大不了”的推测，让对方对你产生一定的信任，接下来，“渠道”铺设好之后，即使后续的沟通内容稍有偏差或挑战，对方也

更倾向于寻找共同点，而不是立即产生抵触。

心理医生也经常使用例行话题，只不过话术有些不同。毕竟，人的烦恼和感受在很大程度上是相通的。在积累了临床经验后，心理医生通常会建立一套自己惯用的例行话题话术。

使用“是的组合”走近对方的心

连续提问让对方回答“Yes”的问题

“今天的天气不错”——“是的”

“天气好心情就好”——“没错”

“心情好看什么都好”——“是啊”

任何事对方都会倾向于做肯定性的思考。

反向应用“戒指法则”

前面提到的“戒指法则”也可以反向应用。情绪既然会表现在手指上，反过来，刺激手指也能影响情绪。

当我们感到不安时，按摩你的大拇指可以帮助你平静下来。

当你感到害怕时，握住自己的食指，就能缓解恐惧的情绪。

当你感到愤怒时，拉一拉中指能够抑制怒火。

当你觉得自己烦躁、情绪不稳定时，摸摸无名指就能静下心来。

当你感到紧张时，你可以按摩一下小拇指。

或者，你可以通过刻意佩戴戒指，暗示自己，调节情绪。

这种简单的动作，实际上是一种自我心理疗愈的方式，可能比自言自语的心理暗示更有效，能够帮助我们快速恢复心理平衡。

读心者的巧妙策略：否定问句的艺术

读心者会巧用否定问句抓住你的心。

百发百中的技巧

巧妙运用否定问句（Subtle Negative）也是一种常见的话术圈套。不管问得准不准，都能往“准”的方向去解读。请看这个例子：

读心者轻轻地歪着头，问：“最近你的宠物没有死吧？”

咨询者：“啊！你怎么知道的金鱼上星期死了！”

如果咨询者的宠物刚刚去世，他们会惊讶于读心者的“预知能力”，心想：“这个人真厉害，我都没有表现出悲伤，他竟然看出来了！”从而加深对其的信任。

如果咨询者的宠物安好，怎么办？

读心者轻轻地歪着头，问：“最近你的宠物没有死吧？”

咨询者："没有，我的猫很健康。"

读心者可以轻松地说："哦，那就好，看来你照顾得很好。"

因为读心者问的是"没有死吧？"所以也算说对了。

那么，如果咨询者没有养宠物怎么办？

读心者轻轻地歪着头，问："最近你的宠物没有死吧？"

咨询者："我没有宠物。"

读心者轻轻点头："是啊，你就不是那种依赖宠物来排解压力的人呀。"

这样的回答不仅避免了尴尬，还展现了读心者对人性深刻的洞察。

生活中也可以妙用否定问句

这种否定问句的艺术，在日常生活中同样适用。

你（轻轻地歪着头）："你最近没和恋人吵架吧？"

朋友："啊！你怎么知道！我跟你说……"

瞬间就让对方向你打开心扉。

如果没有吵架，也不用担心尴尬。

你（轻轻地歪着头）："你最近没和恋人吵架吧？"

朋友："没有啊，我们相处得还不错。"

你（轻轻点头）：“是啊，怪不得最近你的气色这么好。”

重点在于要加上动作，用歪着头表示“我不是真的那么清楚”，这时候如果说中了，就会有强烈的冲击力。说不中也不要紧，只要用点头的动作表示认可对方就好。

用否定问句猜中对方的公司名字

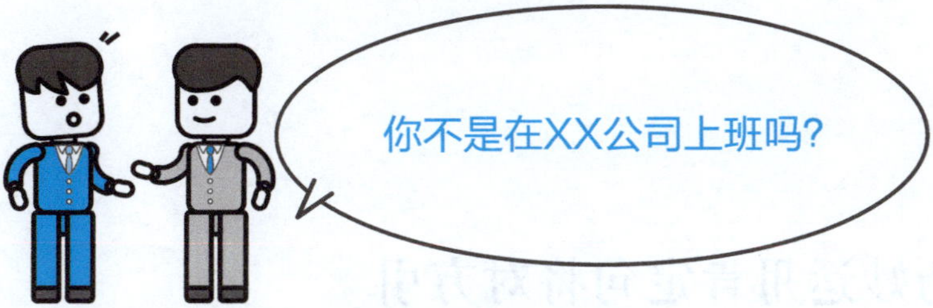

对方可能会有这三种反应

1. 和XX公司完全没关系

咨询者："我没有在那个公司工作。"
读心者："果然如此，我曾经认识几个那家公司的员工，都不像你这么有创造力，你看着就不像是能在那里待着毫不上进的人！"
然后继续你们的谈话就好，虽然你没有猜中，但也不算错。

2. 不在XX公司，但是同行

咨询者："我没有在那个公司工作，不过也算是同行。"
读心者："是啊，我就感觉你身上有那个行业的气质。"
这样不仅看上去说中了，还收获了对方在哪个行业工作的信息。

3. 正在XX公司任职，或者曾经任职

这是完全说中了。
读心者："我的感觉对了！一看你就是在那种有实力的公司大展身手的专业人士。"

没有说中也没问题，一旦说中，对方立刻就会相信你。

冷读术的实用技巧 15

巧妙运用肯定句将对方引导到自己的目标上来

在交谈中，很多人会不经意地使用“但是”这个词来转折话题。

“还是价格便宜的比较好。”

“是啊，但是安全性也要考虑。”

“是的……但是……”“我知道……不过……”这种句式随处可见。然而，这种说法的问题在于，它往往会给对方一种被否定的感觉，即使你本意并非如此，“但是”这个词却起到了强调的作用。

因此，更好的做法是使用“而且”来连接前后语句。

“还是价格便宜的比较好。”

“是的，而且安全性也要考虑。”

这样的回答既肯定了对方的观点，又提出了自己的见解，避免了让对方感到被否定。

记住，在生活中的谈话里，感受往往比语法的正确性更加重要。

实践！如何巧妙运用否定问句

用好否定问句，瞬间吸引对方。

巧妙运用否定问句的窍门

从某种意义上来说，巧妙运用否定问句就是在“故弄玄虚”。

“难道不是……吗？”

“人家是不是说你是……”

“对于……你心里不是很确定吧？”

“……这种事不是你的事吧？”

“关于……是我太敏感了吧？”

“……这种事从来都没有发生过吧？”

“关于……你没有察觉到吧？”

当你想与对方建立信任时，巧妙的否定问句可以成为你手中的一张王牌。这种问句的设计既具有神秘感，又能巧妙地引导对话走向，使对方在不知不觉中敞开心扉。一旦猜中了某一点，对方的选择性记忆就会立刻被激活，对你留下深刻的印象，同时增强对你的信任。

【划重点】一旦猜中了某一点，对方的选择性记忆就会立刻被激活。

抓住对方的心的质问魔法

我曾带着疑问亲自尝试过这种技巧，尤其是在与陌生人初次见面时，切身体验之后，我发现它的效果非常好。

记得有一次，我故意对10位初次见面的女性歪着头，装作不确定的样子问：

“嗯……你不是左撇子吧？”

几乎每个人都迅速而坚定地回答：

“不，我惯用右手。”

我则微笑着点头表示理解，并继续我们的谈话。

至今，我还未遇到有人对我的提问表示质疑。即使真的有人询问，我也只需轻松地回答：

“有点奇怪，最近我遇到的人好像都是左撇子，直到遇见你才不一样了。”

这样的回答既化解了尴尬，又保持了对话的流畅。

有趣的是，当我的猜测真的命中时，对方的反应往往十分强烈。她们会惊讶地大叫：

“你怎么知道？”

这种反应让我更加确信，巧妙的否定问句确实具有神奇的魔力。

我曾遇到一位特别的女性，她的反应至今让我难以忘怀。她原本是左撇子，但后来改用右手。当我提到这个话题时，她竟然吓得从椅子上跳起来，逃离了现场。她后来告诉我：“连那么久以前的事你都知道，真是可怕！”

虽然我不清楚她说的“那么久”到底是多久，但这让我深刻体会到，巧妙的否定问句不仅可以打开对话的大门，还能在对方心中留下难以磨灭的印象。

你不是左撇子吧？

巧用否定句问句的游戏

问对方："你不是左撇子吧？"

1. 对方："我不是左撇子。"

你回答："最近我遇到的人好像都是左撇子，直到遇见你才不一样了。"

2. 如果对方是左撇子，你就能立刻抓住他的心。

连续使用否定问句，能够迅速让谈话热闹起来。

只要能猜中一项，你就能抓住对方的心！

冷读术的实用技巧16

洞察对方用手习惯的微妙线索

你是否曾在初次见面时，就想要快速了解对方的某些小习惯呢？比如，他们习惯用左手还是右手。其实，有一个小技巧可以帮助你一眼就洞察这个秘密，而这个技巧正是冷读术中的一大亮点。

仔细观察对方的领带，你会发现其中的奥秘。通常，习惯使用右手的人，在系领带时，领带的三角结下方会自然地偏向右侧；相反，如果他们是左撇子，那么三角结则会偏向左侧。

因此，当你发现对方的领带三角结偏向左侧时，你可以轻松地告诉他："我猜，你是左撇子吧？"对方可能会惊讶地问："你怎么知道的？"这时，你已经成功地在对方心中留下了一个深刻的印象。

但是，如果领带的三角结虽然偏向左侧，对方却否认自己是左撇子，这又意味着什么呢？很可能的情况是，这条领带是由别人帮他系的。这时，你可以继续猜测：“哦，那可能是别人帮你系的领带吧？”这样的猜测往往能再次命中目标，让对方对你的观察力刮目相看。

巧妙质问法：得到对方信息的技巧

让对方下意识地纠正你的错误，得到对方信息。

让对方不知不觉泄露信息

想要从对方口中得知某些信息，但又不想让对方感到被盘问或产生警惕？试试“巧妙质问法”吧！这是一种轻松、自然且不易被察觉的提问技巧，能够帮助你巧妙地从对方那里获取所需的信息。

举个例子，如果你想知道对方住在哪里，直接问“你住在哪里？”可能会让对方产生警觉，认为你在打探他的隐私。但如果你采用巧妙质问法，先假设一个地点：“我猜，你住在世田谷区吧？”对方往往会无意识地更正你的假设，告诉你他真实的住址：“不，我住在杉并区。”

先说出一个答案，让对方来纠正，这样的提问方式不仅让对方更容易回答，还能让他在不自觉中透露更多信息。因为人们总会下意识地去纠正别人的错误，尤其是关于自己的事情。在纠错思维中，一般不太容易会对问题本身产生怀疑。

当然，如果他正好住在世田谷区，他只会回答“是的”或“你怎么知道”。

无论如何，你的目的已经达到了。

不被人发觉的提问方式

巧妙质问法的关键在于避免直接询问，而是用暗示、引导的方式让对方主动分享信息。

更高级的应用是，你可以结合对方可能的经历或感受来提问，例如：

“刚才，我脑海中似乎浮现了你与动物相处时的画面，特别是你害怕动物的那一刻……你是否能回忆起一些与之相关的事情？”

先提出“害怕动物”这种大部分人都可能有过的经历，再询问具体经历，这样的问题让对方在回答时更容易放松警惕，因为你并没有直接询问，而是通过引导让他们自己讲述。

这种提问方式还有：

“……是为什么呢？”

“……的意思，懂吗？”

"……是怎么一回事？"

"对于……你是否想起了一些事？"

"……对不对？"

"……有什么重要的意义？"

"所谓……究竟是什么？"

通过这种技巧，你不仅能够轻松地获取所需的信息，还能在交谈中保持一种轻松愉快的氛围，让对方感受到你的真诚和关心。记住，提问的艺术在于巧妙和自然，不要让对方感到被冒犯或不适。

别直接打听，对方才会想告诉你

打听对方的住处时，若直接询问，对方会有戒心。

“你住在哪里？”

“你住在世田谷区吗？”

（巧妙质问法）

“不，我住在杉并区。”

利用人会想要纠正别人错误的心理。

冷读术的实用技巧 17

平息紧张与愤怒的秘诀

当我们遭遇紧张、愤怒或压力等负面情绪时，往往感到难以平复，仿佛被这些情绪牢牢束缚。其实，这往往是因为我们身处在一个不适宜的环境中，未能找到正确的应对方式。

许多人认为，“物外无心”，但实际上，这种观念有待商榷。更准确地说，我们应该将身体视为心的容器，“心外无物”。

现在，请你尝试一个简单而有效的技巧。先将你的身体想象成一个圆心，然后，用你的想象力在这个圆心周围绘制一个半径约1.5米的空间。你可以将这个空间视为你的心灵空间，一个只属于你的私人领域。

接下来，请想象这个空间中的空气充满了不安、压力和愤怒等负面情绪。但是，随着时间的推移，这些混乱的空气开始逐渐沉淀下来。你可以想象它们像倒进杯子里的浑浊泥水，经过一段时间的静置，泥土逐渐沉淀，水变得清澈透明。

同样地，你身体周围的不安、压力和愤怒等负面情绪也开始慢慢沉淀。它们不再四处扩散，而是逐渐聚集在心灵空间的底部，让你的心灵空间逐渐变得宁静、平和。

在想象这个过程时，你可以选择闭上眼睛，也可以睁开眼睛。重要的是保持内心的专注和认真。不要小看这种想象的力量，只要你用心去做，就能真切地感受到它所带来的效果。

通过这种方法，你可以有效地平息内心的紧张与愤怒，让自己在工作和生活中更加从容和自信。记住，身体是心的容器，而心则是我们应对一切挑战的关键。

实践！巧妙质问法的运用技巧

运用巧妙质问法，找到共同话题。

最适用于与初次见面的人拉近距离

在与人交往的场合，巧妙质问法是一项极其有用的技能。想象一下，在舞会或联谊活动中，你与初次见面的人交谈，想要进一步拉近彼此的距离。此时，大多数人都会从寻找共同话题开始，因为如果双方有共同的兴趣或朋友，就不愁聊不下去了。

那么，怎么找到共同话题呢？

当然，依次抛出诸如“你的兴趣是什么？”“你假期都做点什么？”“你喜欢哪种音乐？”“你喜欢运动吗？”这样的问题，也能找到一些谈话的契机。但是，你不觉得这样略显生硬吗？

不如尝试运用巧妙质问法。

你可以这样开始："你看起来好像喜欢黑人音乐？"这样的问题既传达了你对对方的观察，又给予了对方一个表达自己喜好的机会。如果对方回答："啊，是吗？其实我平时喜欢听Mr.Children乐队的音乐。"你可以自然地回应："哦，我也很喜欢他们的音乐，还买了新专辑呢。"这样的对话不仅流畅，还能让你们迅速找到共同话题。

对话中你没有表现出想要打听对方信息的样子，不会让对方觉得你在试探，自然对方对你就不会有戒心。万一对方真的喜欢黑人音乐，那就更好了。

"你看起来好像喜欢黑人音乐？"

"是啊，你怎么知道。"

"我也很喜欢，所以能感觉出来。"

"你喜欢听谁的？"

【划重点】巧妙质问法的关键在于，通过一种看似不经意的方式，引导对方分享信息，而不会让他们感到被"审问"的压力。这种方式比直接提问更加自然，也更容易得到对方的信任。

巧妙质问法不仅不会给人"使劲儿寻找共同点"的印象，还能问出你想要的信息，比如对方的电话号码。

“上次我们见面时，你好像告诉过我你的电话号码。”

“嗯……没有吧？”

“这样啊，那你这次告诉我吧。”

“好，我的手机号码是……”

如果想得到对方的信息，直接问是无效的。只要故意说错，表现出在向对方确认的样子，对方就会降低戒备，自然而然地告诉你。这就是巧妙质问法的神奇之处。

面试时也可以用巧妙质问法

- **贵公司目前是否在寻找具有丰富业务经验的管理人才来加入团队呢?**

用巧妙质问法试探对方想寻找的人才类型，若面试官给予肯定的回应，你可以自信地强调：“这正是我所擅长的领域，也是我十分期待能够加入的职位。”

- **贵公司目前是否在寻找具有丰富业务经验的管理人才来加入团队呢?**

如果面试官给出不同的答案或强调其他方面的需求，你依然可以巧妙地调整策略，展示你与职位相关的其他优势或经验。

“业务经验虽然重要，但我们更需要企业管理人才。”

“是啊，像贵司这样快速发展中的企业，就需要我这样有管理经验的业务人员。”

“你也做过管理？”

“是的，虽然严格来说也不算管理，但是我曾负责培训新员工。”

使用巧妙质问法，可以轻易套出对方的信息。

冷读术的实用技巧18

笔迹中的性格密码（1）

你是否曾想过，你的笔迹中可能隐藏着你的性格密码？即使是因为某种原因无法使用双手，而用脚指头写字，你的笔迹依然会体现你的个人习惯，因为实际上是大脑在控制着书写的方式。

如果你写字时左边略微往上，那么你可能是个感性的人。左边往上的幅度越大，说明你的感情越丰富。在心理学中，这类人被称为“We型人”，他们善于表达情感，善于与他人建立情感连接。

相反，如果你的字右边往上，那么你可能是个理性的人。这表明你在处理问题时可能更注重逻辑和理性，有一定的抑制感情倾向。在性格分析中，这类人被称为“Me型人”，他们更倾向于独立思考和解决问题。

如果你的字既不偏左也不偏右，完全方方正正，那么你可能是一个极度谨慎且过度压抑自己的人。你可能不太容易向他人敞开心扉，但这也显示出你极高的自律性和对完美的追求。

笔迹虽是小事，却能在不经意间暴露你的真实性格。不妨仔细观察一下自己，或他人的笔迹，也许会有新的发现哦！

放大/缩小话术：没说中的话也能圆回来

运用放大/缩小话术，让自己“说中”。

把没说中的话圆回来的技巧

冷读术的厉害之处在于，即使我们的推测与对方的实际情况不完全吻合，也能通过巧妙的说话技巧将其转变为准确的表达。这就是所谓的“放大/缩小话术”。

“最近，你健康上是否有些小问题？”

“没有啊，我身体很好。”

这时，你可以巧妙地运用“放大”（Zoom In）话术，将健康的概念放大为心理健康，继续询问。

“那你在心理方面是否有些困扰？”

“啊，你说得对，新工作确实让我有些压力。”

“我感觉你最近在人际关系上有些烦恼。”

“嗯，不过现在没什么问题。”

这时，你可以运用“缩小”（Zoom Out）话术，将“人际关系”的概念缩小到“过去的某个具体事件”。

“当然，你现在已经好多了，之前你在人际关系中有过不愉快的经历吧？”

“是的，我在前公司时被老板骚扰过。”

【划重点】当你不小心忘记了与人的约会时，也可以利用这种技巧。

灵活运用放大/缩小话术

我们已经知道，对“说中了”的印象越深，越会忽视“没说中”的。利用这个心理现象，就可以在生活中灵活运用放大/缩小话术，让对话更圆满。

“明天我有事，所以没办法见面了。”

“什么？你忘记明天是我的生日吗？”

“当然知道呀！我会在明天午夜过后给你带回来礼物。”

“深夜的约会，太浪漫了！”

这样，你就把“后天”缩小到了“明天午夜之后”，巧妙地化解了尴尬。同样，在探索某个问题的核心时，也可以使用缩小话术，逐步从笼统的推测缩小到具体范围。

“你在人际关系方面有困扰吧？”

“是的。”

“跟女性有关吧？”

“是恋爱出现问题了？”

“不是。”

“是年长的女性吧？”

“唉，是我的上司。”

“我知道了，你跟她相处有点困难，是吧？”

“是的，她很难伺候……”

这样逐渐缩小推测的范围，就像剥洋葱一样，层层深入，直至找到问题的核心。

放大/缩小话术

放大话术　放大说辞的意义，就能“说中”。

例如：“你最近有为钱的事烦恼吗？”
“没有啊，我最近觉得健康方面有点问题。”
“如果不用担心收入的问题，你就可以辞职好好休养一段时间了。”

缩小话术　缩小说辞的范围，就能“说中”。

例如：“最近有点困难吧？”
“没有啊，我感觉最近还好。”
“那你要小心了，星座运势显示，下个月你的运势要开始走下坡路了。”
“这么说的话，我最近确实感觉……”

笔迹中的性格密码（2）

笔迹，这一看似简单的书写痕迹，实则蕴藏着丰富的性格密码。只需拿出一张白纸，请对方随意写几个字，就能猜测出这个人的性格。内容是什么无所谓，关键在于观察字迹在纸上的位置。

字写在纸上方的人，往往性格积极，对生活充满热情与期待。而字迹越下移，写字的人越有可能性格较为消极，内心隐藏着一些悲观情绪。

字迹偏右的人，倾向于展望未来，他们的大脑中常常构思着未来的蓝图与计划。而字迹偏左的人，更容易被过去的记忆和经验所影响，他们的决策和行为往往基于过去的经验。

当字迹位置呈现混合特征时，又有着更为丰富的解读。比如字迹偏右上的人，他们不仅积极乐观，还具备行动力，是怀抱希望的行动派。而字迹偏左上方的人，虽然也积极，但可能更为谨慎，不太敢冒险。字迹落在右下方的人，或许能预见未来的某些趋势，但内心常感不安。至于字迹偏左下方的人，则可能较为缺乏自信，对新事物的接受度较低。

通过细心观察笔迹在纸上的位置，我们不仅能更深入地了解一个人的性格，还能在职场和生活中更加精准地把握与他人的相处之道。

实践！巧妙运用放大／缩小话术来洞悉对方的烦恼

巧用放大/缩小话术，打开对方心扉。

猜中对方的烦恼

当面临困境或难题时，许多人都会寻求读心者的帮助，期望从他们那里获得建议或答案。然而，如果读心者未能解决咨询者的核心问题，即便他们准确地描述了咨询者的性格或现状，其效果也将大打折扣。因为读心者的价值，就在于能够针对咨询者的问题提供解答。同样，对于普通人而言，如果能够一语中的地揭示对方的烦恼，那么对方也会更容易打开心扉，与你分享更多。

然而，作为读心者，我们不能直接、粗鲁地询问咨询者："你要问什么事？"毕竟，我们被赋予了无所不知的期待，如果连对方心中的困扰都不知道，那又如何能赢得他们的信任呢？

在咨询的过程中，如果我们能够凭借自己的理解和洞察力，一语道破对方的烦恼，那么无疑会被认为是值得信赖的人。那么，我们该如何做到这一点呢?

【划重点】猜中对方的烦恼，对方就会自然而然地打开心扉，与我们进行更深入的交流和沟通。

我们需要深入理解和体会咨询者的内心世界。当我们真正理解了对方的烦恼时，对方自然也会更愿意与我们分享他们的心声和困扰。

烦恼的四个范畴

在人生的旅途中，我们遭遇的种种烦恼和痛苦，其实都可以归结为以下四个范畴：

- 人际关系
- 金钱（包括一切与财务相关的事物）
- 梦想（或目标）
- 健康

举例来说，工作中遇到的各种问题，往往可以归类到人际关系、金钱和梦想（或目标）这三个范畴：失去工作，正在寻找新的就业机会，这明显与“金钱”紧密相关；与新上司性格不合，这显然是“人际关系”的问题；对于是否应该换工作犹豫不决，这则与“梦想（或目标）”相关。

当涉及感情问题时，我们自然会想到“人际关系”的范畴；而在工作或恋爱中面临的两难选择，则同时涉及“人际关系”和“梦想（或目标）”。如果缺乏工作动力，依赖他人的经济支持，那么“金钱”问题也显得尤为重要。

另外，如果最近感到情绪低落，缺乏动力，这通常是“心理健康”的问题，而这种状态可能会影响工作效率，从而与“金钱”产生联系；如果对所有事物都失去兴趣，缺乏激情，那么这与“梦想（或目标）”的缺失有着密切的关系。

你看，几乎所有的烦恼和疑惑，都可以在这四个范畴中找到其归属。因此，对于擅长解读人心的人来说，只需运用放大/缩小话术，就可以推测出咨询者主要的烦恼所在，进而有针对性地进行深入探索和试探。通过这个方法，我们不仅能更好地理解他人，也能更深入地了解自己。

使用冷读术了解对方的烦恼/问题

人的烦恼通常是这四种

- 人际关系
- 金钱（包括一切与财务相关的事物）
- 梦想（或目标）
- 健康

猜中对方烦恼的技巧

“好像……有人际关系的问题？”

“不是，我最近经济上有点问题”

（微微表示惊讶）“是吗？这个问题跟别人也有关系吧？”（放大）

“没关系。”

“钱本身没有主观意识，其实仔细想想，钱的问题也都是因为人造成的，对吗？”

“唉，是啊，早知道我就不应该轻信朋友的话……”

这个例子就是先用“人际关系”来试探，当对方纠正了你，说出他的问题与“金钱”有关时，将“金钱”放大解释为“人际关系”，弥补推测的差距，让对方认可你，并讲出更多信息。

笔迹中的性格密码（3）

之前我们探讨过从笔迹的倾斜方向和书写位置来推测人的性格，但你知道吗？写字的速度同样能揭示一个人的心理状态和工作风格。正如古人所言，“见微知著”，细节之处往往蕴含着深意。

想象一下，如果一个人的字迹潦草且写字速度飞快，那么他在工作中很可能也是雷厉风行的。他们倾向于快速完成任务，然后再去修正细节。这类人适合处理那些需要连贯性和速度的工作，而对于需要精雕细琢的任务，他们可能会显得有些不耐烦。

相反，那些写字谨慎且速度较慢的人，在工作中也会展现出类似的特质。他们喜欢一步一步地确认和执行，非常仔细且孜孜不倦。然而，当面对催促或压力时，他们可能会感到不安，甚至失去原有的工作能力和干劲。

这两种性格的人在工作中如果能够相互搭配，将会产生很好的互补效果。雷厉风行的人可以先完成工作的主体部分，谨慎的人则可以在此基础上进行细节的完善，确保工作顺利完成。这样的组合既保证了效率，又保证了质量，是团队协作中的理想配置。

打造令人深信不疑的预言——微妙的未来预示

留下一个一定会应验的预言，让对方相信你。

任何人都能用的巧妙预言（Subtle Prediction）

在人际交往中，我们常常对那些能精准洞察过去和现状的人感到惊叹。如果对方说中了你的过去和现在，你可能会认为他偷偷调查过你，但如果对方说中了未来的事，你会不会感觉对方很厉害，并且更加信任对方呢?

当然，这个世界上没有“绝对准的预言”，但是一定有“绝对不会不准的预言”其实，通过运用一些心理学原理和冷读术的技巧，我们也能做出“绝对不会不准的预言”。听起来有些不可思议，但请继续往下看。

比如，你告诉对方：“近期，你将会遇到一个特别的人，他可能会给你的生活带来一些改变。”这样的预言其实并不具有明确的时间点和具体的人物，但它具有一种模糊的普遍性。如果对方在未来的某个时刻真的遇到了这样一个人，他就会立刻觉得你的预言非常准确。

更具体一些，你可以说："你周围有一个暗恋你已久的人，他一直不敢向你表白，不过最近他可能正准备鼓起勇气告诉你。"这样的预言给了对方一个具体的时间框架，同时留下了一定的模糊性。如果刚好下个月有人向咨询者表白了，那么你的预言就完全说中了。即使没有这样的人，咨询者也很难证明这个预言是错误的，毕竟你也没有说这个人具体是谁，可能他因勇气不足而打消了表白的念头呢，根本没有证据可以判断这个人是否真的存在。

【划重点】说中未来并不难。

这种预言不一定绝对准，但绝对不会不准。而且，在选择性记忆的作用下，很多时候，就算预言没有说准，也会很快被人忘记，但是如果你的预言说准了，就会让对方产生强烈的"预言应验"的感觉。因此，即使你的预言没有完全应验，对方也可能因为某些相似的经历而觉得你的预言应验了。

预言应验的震撼

“下个星期你需要多加留意，因为你可能会遇到一位贵人，给你带来好运。”

如果有人跟你说了这样的话，即使下个星期你根本没有遇到所谓的“贵人”，你也只会怪自己不够留心，如果你真的遇到了某位帮助你的人，你就会发自肺腑地感叹：“预言说得真准！”

总之，通过运用一些微妙的心理技巧和模糊的语言表述，我们可以打造出令人深信不疑的预言。但请注意，这并不意味着我们在欺骗他人，而是通过一种心理学的技巧与他人建立信任和联系。同时，了解背后的原理也能帮助我们避免陷入“预言”的圈套。

“绝对不会不准的预言”背后的原理

巧妙的预言

将范围扩大，留下一个只有被说中时才会印象深刻的预言。

例如：

“近期会有一位许久不联系的老朋友联系你，你要珍惜这个机会，这样才能维护好你们之间的感情。”

【近期】可能是一个星期之内，也可能是一个月之内，如果是几十年没有联系的人，几年内也算“近期”。（扩大范围）

【许久不联系的老朋友】如果是交往很密切的人，一个星期没联系也算“许久”。

【联系】微信、电话、邮件、信件甚至突然偶遇，都算“联系”。（扩大范围）

冷读术的实用技巧 21

巧妙探出对方未说出口的不满

在人际交往中，尤其是在恋爱或工作关系中，有时我们可能会遇到对方隐藏不满的情况。比如，当你满怀诚意地送上一份礼物，对方却短暂地流露出失望，随后又强颜欢笑，这时即便你主动询问："是不是不喜欢？"对方也可能不正面回答："不是，我很开心。"

面对这种情况，用什么办法能够知道对方到底对哪里不满意呢？其实，有一个小技巧可以帮助你巧妙地探寻对方隐藏的不满。

在稍后的交谈中，你可以若无其事地提及一个与当前话题相关但较为轻松的话题，比如，"最近，有没有什么事情让你觉得有些失望呢？"这样的提问方式既不会让对方感到被冒犯，又能引导她自然地表达出内心的真实感受。

如果对方开始谈论某些不如意的事情，比如，“是啊，这个月发的奖金太少了”，那么你就可以根据这个线索，推测出她对你送的礼物可能也感到有些失望，认为它比想象中的便宜。当然，她可能出于各种考虑（如不想显得贪婪或不想伤害你的感情）而选择了隐藏这种不满。

但是，就像被压进水中的球一样，这些不满的情绪一有机会就会浮出水面。在你的巧妙提问之后，这些不满的情绪就会不知不觉地显露出来，这样一来，通过询问别的问题，你就可以推测出对方心中隐藏的不满。

在运用这个技巧时，建议先从容易说中的话题入手，逐步深入。如果你想要了解的是对方对某个重大问题的看法或感受，那么可能需要通过多次的交谈和提问来积累信息，这样才能更准确地把握对方的真实想法。

实践！如何巧妙运用预言术

预言？谎言？

容易说中的预言

预言，作为一种艺术，有着其独特的魅力。一个巧妙的预言，不仅能让听者深信不疑，还能加强对你的信任。这里有一些简单易行、效果显著的预言方式，你可以尝试运用。

“在不久的将来，某事将会发生。”

“你的未来将会一帆风顺。”

“A先生会私下向你透露某个秘密。”

“本周内，你或许会遇到一个名叫B的人。”

“你身边的人即将有好事发生。”

“请务必留意……”

这些预言之所以有效，是因为它们既具有普遍性，又符合大多数人的期望。即使预言没有完全实现，听者也很难证明其错误，反而会因为其中应验的部分而对你产生信任。

【划重点】预言未来，是建立信任的有效手段。

警惕“预言”的陷阱

然而，有些心怀不轨的读心者会利用这一点，他们会暗中积累应验概率较大的预言，通过精心设计的预言来逐步操纵他人。他们会在初次预言时设置较为宽泛的内容，以增加说中的可能性。一旦成功吸引了听者的注意，他们便会逐步提高预言的胆量和具体程度，从而逐步加深听者的信任。

假设有一个预言者为10个人进行了预测，其中对6个人的预言得到了应验。这6个人自然会再次寻求他的帮助，而读心者会继续运用这种策略，为他们做出更大胆、更具体的预言。假设第2次对3个人的预言得到了应验，那么这3个人会更加信任预言者，预言者再进一步为他们做出更加大胆、更加具体的预言。

荒唐的预言也会被深信不疑

随着时间的推移，那些连续得到应验的预言会让听者产生极强的信任感，甚至对于一些看似荒谬的预言也会深信不疑。

继续上述例子，假设第3次只剩下了1个人，那么这个人会怎么想?

“这个预言者连续3次说中了我的事，而且一次比一次具体，他太厉害了！”

这时候，他很难不继续相信这个预言者的第4个预言，就算对方说“如果你不买这个茶壶，近期就很可能会遭遇严重的意外！”这种荒唐的话，听者也会深信不疑，从而上当受骗。

因此，我们必须保持警惕，避免被居心不良的人利用预言术欺骗。

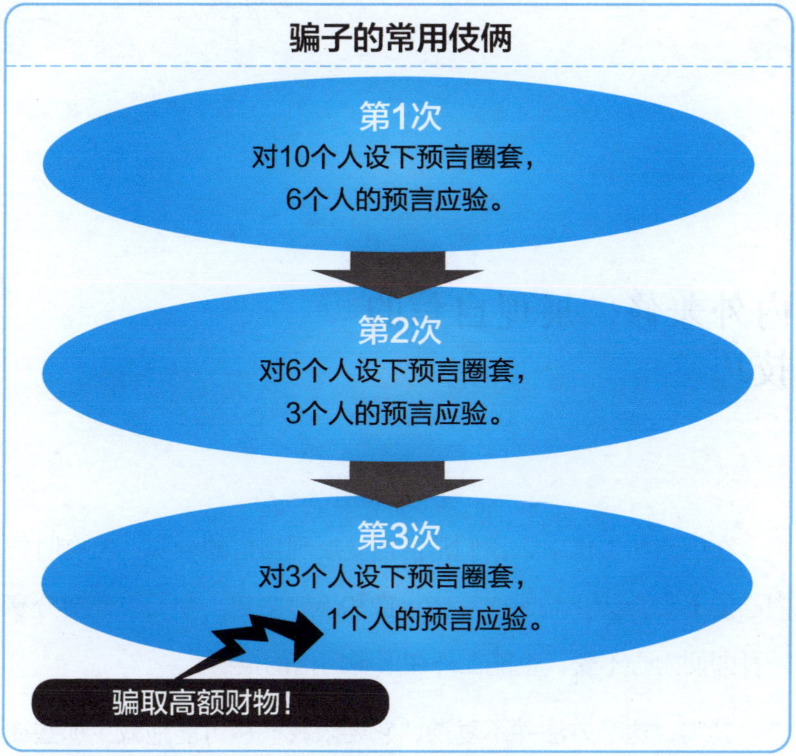
骗子的常用伎俩
第1次
对10个人设下预言圈套，
6个人的预言应验。
第2次
对6个人设下预言圈套，
3个人的预言应验。
第3次
对3个人设下预言圈套，
1个人的预言应验。
骗取高额财物！

冷读术的实用技巧22

内外兼修，展现自信的技巧

在生活和工作中，我们常常需要展现自信的一面，但有时候内心的不安会让我们显得有些犹豫和不够坚定。今天，我要分享一种即便内心不安，也能在外在展现自信的技巧。

其实，这个方法并不复杂，它要求我们尽可能地减少那些徒劳无益的紧张动作，让所有动作都变得从容不迫、有条不紊。因为人们往往在潜意识中认为，越是社会地位和自信程度高的人，就越从容不迫。以职场为例，那些总是匆匆忙忙、四处奔波的人，往往职位不高。

如果我们能够有意识地放慢自己的动作，就能营造出一种自信、从容的氛围。

具体来说，我们可以从一些日常的小事做起。例如，适当地放缓自己说话时的语速、用餐时细嚼慢咽等，在走路时，我们也可以调整自己的步伐和姿态。尽量保持稳定的步伐，大步向前，这样不仅能让我们看起来更加稳重，还能增强我们的自信感。

通过这些细节的调整，我们的潜意识会逐渐接受“我是一个自信的人”这样的信息。当我们真正从内心认同这一点时，我们的自信就会自然而然地流露出来，无论是在工作还是生活中，都能让我们更加游刃有余。

受益者故事 3

运用冷读术，打开“难以相处者”的心扉

我曾遇到一位特殊的病人，她常被社区服务人员评价为“难以相处、过分谨慎甚至有些神经质”。然而，她自己似乎也意识到了这一点，经常会说：

“因为我能够一眼看透别人的心思，所以他们都刻意与我保持距离。”

“我知道你们都觉得我难以相处，所以都对我敬而远之。”

尽管工作人员不断鼓励她参与康复训练，她却总是回应：

“你们总说‘做得到，做得到’，但你们哪里知道，我已经竭尽全力，也只能勉强走几步。”

因此，她始终缺乏积极参与的动力。

这位女性属于典型的“Me型”人格（详细信息请参阅第三部分），所以在与她交流时，我特别注意给予她优先选择的权利。我会这样说：

“你的身体状态，你自己最清楚。不要勉强自己，能做到多少就做多少。”

“没有人是完美的，我们都有自己的局限性。”

因为她坚信“我自己的事情自己最清楚”，为了赢得她的信任，我充分尊重她的这一点，并运用了一些预先准备好的话题。我会告诉她：

“你非常擅长掌控自己，对于不了解的事情，你宁愿不做，但一旦理解了，你就会非常有耐心地完成。”

“你能够洞察他人的心思，这确实让你在与人相处时面临挑战。”

“其实，你的情感比大多数人都要丰富，有时候你太过真诚，也很会关心他人，对吧？”

“虽然有时会被误解……但从你的话语中，我能感受到你的真心。”

最后，我会直视她的眼睛，真诚地说：“无论如何，我只是想把这些话告诉你。”这时，她的眼神会闪烁着光芒，仿佛找到了知音。

那些感到被孤立或被误解的人，一旦遇到真正理解他们的人，他们就会感到无比欣慰。我深深体会到，冷读术在这种情况下，能够发挥巨大的作用。

（K·J，30岁，理疗师）

Part 3

We型？Me型？你是哪一种

与星座或血型这种相对固定的标签相比，We/Me分类法提供了一种更加动态的视角。通过判断对方是We型还是Me型，可以为赢得对方信任打下基础。

分好类型，沟通烦恼少一半

超越血型、星座的性格判断法——

We/Me分类法！

将人分为We/Me两类

在人际交往中，理解他人的性格特质是建立有效联系的关键。虽然我们常常借助血型、星座或复杂的心理测试来推测人的性格，但这里我要介绍一种更为直观且实用的性格判断法——We/Me分类法。

我们习惯于将人群划分为不同的类别，以寻找共性。例如，如果你已知对方的血型是A型，就可以和对方说："你碰到反应迟钝的人会有些烦躁""你是一个一丝不苟的人"，一般都能说准。又如，以荣格的性格类型分类理论为基础的MBTI性格测评。再如，按照体型把人分为瘦长型、健壮型、肥胖型的谢尔顿体型分类法。

但与星座或血型这种相对固定的标签相比，We/Me分类法提供了一种更为动态的视角。这种方法并非简单地将人分为两类，而是基于人们在沟通中倾向于关注“我们”还是“我”这一核心差异。

读心者在初次见面时就能大致判断对方的性格，这并非依靠心理测验或已知的血型星座信息，而是通过观察与倾听。We/Me分类法便是基于这样的观察，它源于催眠治疗师约翰·卡帕斯（John G. Kappas）的E/P型理论。我利用E/P型理论做心理治疗已经有很长时间，在实际应用中，我根据新的发现对其进行了调整，尤其是我发现可以通过外表和身体特征区分E/P型人。这些经验和方法大部分已经与卡帕斯的E/P型理论大有不同，因此我将其命名为We/Me分类法，以更直观地反映其核心意义。

简单分为We型/Me型的理由

有些人可能会质疑，仅仅将人群分为We型和Me型是否过于简化。正如恋爱关系，尽管性别只有两种，爱情却是复杂多变的。We/Me分类法并不是一种浅尝辄止的性格分析，它提供了一种洞察他人性格的框架，帮助我们在人际交往中更加敏锐地察觉对方的需求和期望。

因此，不要低估**We/Me**分类法的力量。它不仅能够简化我们对性格的理解，还能在实际应用中帮助我们更有效地与他人沟通，建立更深厚的联系。

将人分为We/Me两类
Me型
以“我”为中心思考
We型
以“我们”为中心思考
你属于哪一种类型？
做一下后面的测试表看看吧！

你是哪一型？ We/Me型自我测验

想要了解自己更倾向于We型还是Me型吗？以下是一个简单的自我测验，帮助你判断自己的性格倾向。

（请在你认为符合自己情况的选项上画○，当难以判断时，也要强迫自己选择一个，如果实在不知道选哪个，那么女性请选A，男性请选B。）

问题列表：

问题1．双手交叉相握时，你哪只手的拇指在上？

A　左手拇指在上

B　右手拇指在上

问题2．与人并肩行走时，你更喜欢对方在你的哪一边？

A　右边

B　左边

问题3．你身体的哪一侧更容易受伤？

A　左半边

B 右半边

问题4. 你小时候是否会与父母谈心？

A 什么都会聊

B 不会

问题5. 小时候你父母的朋友会经常来家中相聚吗？

A 经常来

B 不怎么常来

问题6. 如果养宠物，你想养猫还是狗？

A 狗

B 猫

问题7. 当你陷入困境时，你希望

A 有人倾听

B 独自静一静

问题8. 与别人的小孩相处时，你会

A 非常欣喜

B 感到不耐烦

问题9. 面对在人群中发言的情况，你会

A 不会感到抵触

B 会感到很紧张所以尽量逃避

问题10. 当你被介绍给朋友的朋友时，你会

A 很快就能轻松融入

B 有些不安，非常在意对方对自己的评价

问题11. 你的排便情况如何？

A 有便秘倾向

B 有腹泻倾向

问题12. 你的朋友多吗？

A 很多

B 很少

问题13. 当你不知道该怎么办时，你会

A 先行动起来再说

B 不急，考虑好之后再行动

问题14. 如果要参加体育活动，你会选择

A　团队比赛

B　个人比赛

问题15. 你和恋人的相处模式是

A　人前人后一个样，不会在意别人的目光

B　只有在两个人单独相处时才会比较热情

结果判定：

统计你的答案中A和B的数量。A多则为We型，B多则为Me型。A和B的数量差异越大，表明该类型的倾向越强烈，数量差异越小，则特征表现越温和。

冷读术的实用技巧 23

巧妙展示合约的艺术

在商务洽谈的尾声，当需要拿出合约请对方签署时，许多卖方往往会因为动作过于突兀而让买方感到不适，甚至产生反感。为了避免这种情况，我为你提供一个能够自然、流畅地展示合约的小技巧。

当你准备展示合约时，尝试从对方的角度看是从左至右（从你的角度看是从右至左）的方向快速拿出合约。这个简单的动作就能让合约的出现显得非常自然，不会打破洽谈的和谐氛围。

这是因为人们对于从左至右的移动感到更加自然和舒适。例如，在喜剧表演中，演员往往从舞台的左侧（观众的右侧）进入，这是因为从左至右的移动更符合观众的视觉习惯，而从右至左的移动则可能带来一种紧张或突兀的感觉。

同样，在恋爱中，如果你想要给恋人一个惊喜，也可以尝试从对方看起来从右至左的方向拿出礼物，这样的动作可能会让恋人感到更加意外和惊喜。

从外在判断 We/Me 型

除了通过测验，我们还可以从外表上观察一个人的We/Me型特征。

要想判断面前的人是哪个类型，总不能每次都让人当场测验，这里有一些外在特征，能够帮助我们进行判断。

We型人

- 服装华丽。
- 与人相处比较自在，在人前敢大声说话。
- 身材健壮或丰满，中等身材或偏胖，身材瘦的比较少。
- 包常背在左肩，重心多在左脚，受伤的部位也大多在左半身，在会议室、电影院等场合，大多会坐在从自己看来偏左侧的位置。
- 与他人并肩行走或并排坐着时，更喜欢让对方在自己的右边。

- 头发分线倾向于右边，右边额头看起来较宽阔。

Me型人：

- 服装传统朴素。
- 喜欢与人保持一定距离。
- 身材苗条、瘦高，脖子长。
- 包常背在右肩，重心多在右脚，受伤的部位也大多在右半身，在会议室、电影院等场合，大多会坐在从自己看来偏右侧的位置。
- 头发分线倾向于左边，左边额头看起来较宽阔。

值得注意的是，头发的生长方向也与We/Me型有关。Me型人的头发往往顺时针旋转生长，而We型人的头发往往逆时针旋转生长。然而，由于发型可以自由改变，这一点只能作为参考之一。

将人分为We/Me两类

	We型人	Me型人
站立位置	让对方站在自己右侧	让对方站在自己左侧
头发分线	向右分（露出右额）	向左分（露出左额）
当听到微弱的声音时	用右耳探听	用左耳探听
视线	（从本人看）多往右移动	（从本人看）多往左移动
走路时	右手摆动幅度大	左手摆动幅度大
手上拿东西时	拿在左手	拿在右手
重心	在左侧	在右侧
双手交叉时	左手拇指在上	右手拇指在上
眨眼时	先闭左眼	先闭右眼
在会议室、电影院等场合选座位时	（从本人看）靠左侧的位置	（从本人看）靠右侧的位置
字迹	字的左侧上倾	字的右侧上倾
服装	华丽	朴素
眼神交流	次数多、时间长	次数少、时间短
和陌生人的社交距离	触手可及	伸手碰不到

从We/Me型人的视角优化产品演示

在产品演示中，巧妙运用We/Me型人的视角，可以显著提升沟通效果，尤其当参与者都是第一次见面时，这种策略显得尤为重要。

We型人在会议室内倾向于坐在左边（从他们自己的视角来看），而Me型人偏好坐在右边。对于作为主讲的你来说，坐在你右侧的人属于We型，左侧的人则属于Me型。基于这种空间布局，你可以更有针对性地调整你的说明策略。

当你想用感性的语言来打动听众，如强调“客户一定会被这个产品深深打动”时，不妨更多地面向右侧，也就是We型的人。这样的情感共鸣往往更容易引起他们的注意和兴趣。

而当你需要展示产品的具体数据或分析，如“这是去年之前所有业绩的详细数据”时，面向左侧，也就是Me型的人，会更有效。他们更倾向于通过数据和事实来做出决策。

通过这样有针对性的沟通策略，你可以确保无论是We型的人还是Me型的人，都能在你的产品演示中找到共鸣，从而留下深刻的印象。这不仅有助于提高工作效率，还能在人际交往中建立更强的信任和联系。

打开 We 型人心扉的沟通技巧

想要打开We型人的心扉，就要强调“融合感”。

We型人的特征——开朗的博爱主义者

We型人，作为开朗的博爱主义者，他们总是以“我们”为出发点进行思考、感受和行动。这种性格特质使他们在人际交往中显得尤为出色，无论是在陌生场合还是在熟悉的环境，都能迅速与人建立起亲密的联系。

We型人重视和谐，善于在人群中扮演组织者、主持人的角色，如宴会干事、结婚典礼的主持人、庆祝会的司仪等。他们感情丰富，喜怒哀乐都毫不掩饰，但往往能够迅速调整情绪，第二天又是全新的一天。这种性格特质使他们在与人交往时显得尤为真诚和热情。

在职业选择上，We型人倾向于选择与人直接接触的工作，如业务员、教师、护士等，因为他们善于通过与人交往来建立联系和信任。在恋爱中，他们追求的是融合感，认为彼此之间的分享和坦诚是爱的基石。

然而，We型人也有其不足之处。他们过于重视“我们”，有时会忽视自己的意见和需求，导致优柔寡断。同时，他们容易受到他人的影响，对压力也较为敏感。

与We型人沟通的秘诀

从右侧靠近：在与We型人交流时，尽量站在他们的右侧，这会使他们感到更加舒适和亲近。

诉诸情感：We型人非常注重情感交流，因此，在沟通中多使用情感化的语言，如“真的很感谢你”“大家都很喜欢你”等，会让他们更加愿意与你分享和交流。

认可与赞美：We型人渴望得到他人的认可和赞美，因此，在适当的时候给予他们正面的反馈和肯定，会让他们感到更加满足和自信。

避免直接冲突：We型人重视和谐，不喜欢直接冲突和争执。在与他们沟通时，要尽量避免直接指出他们的错误或不足，而是采用委婉的方式提出建议和意见。

以下例行话题有助于打开We型人的心扉：

“你是大家都很喜欢的类型，跟第一次见面的人也能很快熟络起来。”

“就算你和家人、朋友吵架了，也很快就能消气，你是个爽朗的人。”

“你非常有执行力，不会轻易被困难吓倒，即使面对问题也能很快采取行动。”

“你在工作中遇到了不好相处的人吧？那个人很神经质，总是计较小事。”

“你是很有潜力的，只要按照你自己的节奏努力，就能取得进步。”

“你的心理压力很容易反映在身体健康上，一有压力就容易长痘、皮肤变差、消瘦或长胖。”

“我猜你心里一定有这样一个人，当你遇到困难时你经常会找他商量。”

“你的左腿膝盖是不是受过伤？”

通过掌握这些与We型人沟通的秘诀，你可以更好地与他们建立联系和信任，实现更有效的沟通和合作。

We型人的特征

- 优点：协调性强、感情丰富、不封闭
- 缺点：情绪变化大、依赖性强
- 思考和感觉的方式：感性的
- 独处的时间：偶尔需要
- 交友：朋友很多
- 说话的方式：委婉、啰唆
- 理解方式：谦虚、认真倾听别人的话
- 行动力：边做边改进
- 调动积极性的方法："你也会做""我们跟着你干"
- 别人的建议：积极收集
- 沟通方式：先寒暄再进入正题
- 适合的职业：老师、护士、业务员等与人接触较多的职业
- 工作动力：服务身边人
- 家庭和工作的精力分配：家庭优先
- 孩子：喜欢孩子
- 喜欢的宠物：狗
- 喜欢的书/电影：非虚构类
- 运动倾向：团队比赛
- 喜欢的饮料：茶类
- 休闲方式：户外活动
- 亲密关系需求：融合感
- 对待玩笑的态度：容易伤心
- 容易受伤的身体部位：左侧
- 排便倾向：容易便秘

识别S型人与M型人的小游戏

在人际交往中，了解对方的性格类型往往能帮助我们更有效地沟通和互动。今天，我将教你一个有趣且实用的小游戏，帮助你识别对方是S型（自主型）人还是M型（配合型）人。这个游戏不仅可以在联谊活动中玩，也可以作为你日常观察他人性格的一个有趣工具。

首先，你需要把你的手掌朝上，伸到对方面前，并温和地对他说："请你把手放在我的手上面。"如果对方的第一反应是："啊！这是在干什么？太可怕了！"那么他很可能具有S型的倾向。S型的人往往不喜欢被人操纵或领导，他们更倾向于保持自主和独立，因此可能会对突如其来的请求或命令产生警觉或抗拒。

反之，如果对方按照你的要求，把手掌轻轻地放在你的手上，那么你可以继续这个游戏。此时，你可以顺势将他的手拉向你。如果对方突然把手放开，那么他仍然可能是一个S型的人，因为他在感到被控制或限制时会本能地做出反抗。相反，如果对方配合你的动作，没有表现出任何抗拒，那么他很可能是一个M型的人。M型的人往往更愿意配合他人的指令或请求，他们善于适应和配合他人的行动。

通过这个小游戏，你可以初步了解对方的性格类型，从而在工作中或生活中更好地应对。记住，每个人都有自己独特的性格，了解和尊重对方的性格差异是建立良好人际关系的关键。

打开 Me 型人心扉的沟通技巧

想要打开Me型人的心扉，就要强调“你”。

Me型人的特征——自我实现的超能力

Me型人，他们以“我”为中心进行思考、感受与行动。在日常交往中，他们可能显得较为沉默，但在一对一的交流中，他们能轻松自如地表达自己。他们对私人话题兴趣不大，但一谈到工作或爱好，就会变得兴致勃勃。虽然他们表面少言寡语，内心却容易感到孤独，只要有人能够主动与他们打招呼，他们就会对对方产生好感。

由于Me型人重视自我，他们更适合从事独立性较强的工作，如工程师、工匠、律师等。在人际关系中，他们追求尊重，不喜欢被他人指示。他们只做自己理解并认为有价值的事情，不需要外界的鼓励或建议。

在恋爱中，Me型人追求刺激与冒险。一旦与心仪的异性确定关系，之前的热情可能就会迅速冷却。与We型人不同，Me型人如果被过度依赖，可能会觉得有负担而逃避。

与Me型人沟通的秘诀

在与Me型人交流时，直接、理性的沟通方式更为有效。Me型人的工作动力是实现自我价值，你可以通过强调工作的重要性或他们的独特能力来激发他们的工作动力，如对他们说“这项工作只有你能胜任”“这是展现你才华的绝佳机会”等。同时，避免使用“这是简单的工作，你试试看”等可能削弱他们自尊心的话语。

以下例行话题有助于打开Me型人的心扉：

“你时间观念很强，所以如果有人爽约或迟到你会很生气。”

“虽然你很爱干净，但有时候也懒于打扫，不过一旦开始做，你就会把所有细微之处都打扫干净，你就是这样的完美主义者。”

“比起来成群结队，你更喜欢一对一沟通。”

“你在工作中遇到了不好相处的人吧？那个人一点也不尊重别人的隐私，不考虑别人的感受。”

“你还没有发挥所有能力，是不是有什么秘密计划？”

“你好像在倾听对方这件事情上缺乏耐心？因为你的思维很快，所以当听到别人语速很慢时，你会不由自主地着急。”

Me型人的特征

- 优点：有领导力、责任感强、聪明
- 缺点：利己主义、冷漠、谨慎
- 思考和感觉的方式：理性的
- 独处的时间：总是需要
- 交友：朋友较少
- 说话的方式：直接、简洁
- 理解方式：带着思考揣摩对方的言外之意
- 行动力：考虑周全再行动
- 调动积极性的方法：“只有你会做”“请你帮帮忙”
- 别人的建议：不需要
- 沟通方式：直接、必要时才会电话沟通
- 适合的职业：工程师、律师、工匠等专业工作
- 工作动力：实现自我价值
- 家庭和工作的精力分配：工作优先
- 孩子：不太喜欢孩子
- 喜欢的宠物：猫
- 喜欢的书/电影：虚构类
- 运动倾向：个人比赛
- 喜欢的饮料：咖啡
- 休闲方式：室内活动
- 亲密关系需求：征服感
- 对待玩笑的态度：不在乎
- 容易受伤的身体部位：右侧
- 排便倾向：容易腹泻

冷读术的实用技巧26

从外表看穿对方性格的技巧

冷读术需要快速洞察对方的内心，观察对方说话时的牙齿状态，是冷读术中常用的一种方法。

在说话时，如果上排牙齿明显可见而下排牙齿几乎看不见，那么这类人往往善于付出，无论是物质上还是精神上，对别人付出会让他觉得更快乐，但这类人不太擅长接受。因此，即便有人主动追求，他也会想“真的会有人喜欢我吗？”

在说话时，下排牙齿明显可见，上排牙齿几乎看不见的人，则更擅长接受，同时，这类人虽然不热衷于表达，但很擅长察言观色。

在说话时，上下排牙齿都可见，就说明这类人在付出与接受之间能够保持平衡。

不过，表情的丰富程度会影响牙齿的露出方式，在运用该技巧时还需要仔细观察和思考。

与 We 型人交往的建议

可以做的事情：

1. 在他们说话时给予肯定，如“是的，确实如此”“我明白了”。

2. 频繁地点头，并用眼神与他们交流，表示你在认真倾听并与他有同样的感受。

3. 不断提问，无论话题是否有趣。

4. 积极地提供建议，即使建议很普通，也要表现出真诚。

- 轻轻地触摸对方的肩膀，注意动作轻柔。
- 夸张地表达惊讶或开心，让感情更加直观。

不可以做的事情：

1. 否定他们说的话，如“但是……”“并不是那样”。

2. 谈论与性格相关的话题，尤其是用指责的语气。

3. 打听他们的目标或梦想，因为We型人更关注当下。

4. 保持过远的距离。即使不能一伸手就碰到，也要尽量保持近距离以显示亲密。

- 用讲道理的方式与他们沟通，因为We型人更重视情感和共鸣。
- 说别人的坏话（We型人会觉得“你在背后会不会也这样说我”）。

与 Me 型人交往的建议

可以做的事情：

1.可以主动夹菜，做一个有风度的人（这是一种成熟的表现，而非讨好）。

2.多观察对方，适时关心，如发现对方觉得冷，就调高一些空调的温度。

3.先谈论自己，避免打听对方的情况，否则会让对方感觉被审视，让对话轻松点。

4.找到对方的专长，从这里引入话题，表现出感兴趣的样子，给予对方积极回应。

5.当被问到自己的梦想时，分享一些实际的目标，热情点。

6.就算没兴趣，也要对对方表现出关心和照顾，显得自己成熟一些。

不可以做的事情：

1. 一开始就说自己哪里不行，想让别人同情你，如“哎呀，我这个人真的没用”。

2. 总是自己说个不停，也不看看对方是不是听得烦了。你需要注意一下对方是不是对你讲的东西感到无聊。

3. 总想给对方建议，或者向对方讲大道理。不要说“这种事情很常见的”“我也经历过”这样的话。

4. 随便碰对方的身体或靠得太近，这样太亲密了。

5. 态度强硬或性别意识强，这样容易让人产生对立感。避免谈论男人应该怎么样、女人应该怎么样的话题，免得大家产生对立。

6. 对对方的身体特征或衣服评头论足，就算是赞美的话，也少说点比较好。

受益者故事4

利用 We/Me 分类法，让人际关系更顺畅

在一次偶然的机会中，我参加了石井老师的讲座，并深入学习了We/Me分类法。令我惊喜的是，这种分类法不仅简单易学，而且在实际应用中效果特别好。在掌握了这种分类法后，我与人交往起来更加得心应手，人际关系也变得更加和谐融洽。

举个例子，当我面对一个We型的人时，我会轻轻拍打对方的身体，用“知道了，知道了”这样的话语表示理解与支持。或者我会稍微夸张地点头或微笑，这样的举动能迅速拉近彼此的距离，即便对方是初次见面的人。

对于Me型的朋友，我则更加注重倾听和尊重。在他们分享完自己的想法后，我不会急于给出建议，而是简单地表达我的信任与支持，比如：“我相信你绝对能够做得好。”这样的回应让他们感到被理解，也让他们更愿意与我分享他们的心事。

经过多次实践，我发现自己能够迅速判断对方是We型还是

Me型，这让我在人际交往中更加游刃有余。我深感，如果分类法变得更加复杂，如分为4个或6个类型，我可能就不会那么愿意去学习，也难以掌握其精髓。

（M·H，32岁，企业管理者）

Part 4

在日常生活中活用冷读术

我们将为你呈现冷读术更生活化的运用技巧，让你拿来就用，让冷读术真正改善你的人际关系和生活。

在社交场合受欢迎的秘密

宠物的选择有时也会透露内心的秘密。

了解对方希望被认同的方式，就能吸引他的注意力

在日常生活中，我还发现了一种有趣的现象：人们选择宠物的理由往往能够透露出他们内心的秘密。比如，当你问一个人想养什么宠物时，他的回答可能并不只是简单地表达了对某种动物的喜爱，更多的是在无意中展示了自己希望被如何认同的心理。

请看这组对话：

我："我最近想养个宠物，A小姐，你喜欢什么宠物？"

A小姐："如果是我的话，我想养一只猫。"

我："哦，那你喜欢猫的什么？"

A小姐："嗯，可能是猫的随性和自由吧。"

其实宠物是什么不重要，重要的是选择这个宠物的理由。A小姐喜欢猫，并且认为猫的自由与随性是她所欣赏的。这实际上暗示了她希望自己被看作一个自由、不受拘束的人。此时，如果你能够将对她的了解转变成另一种方式的称赞，那么对方一定会很受用，如“我能在聊天中感到A小姐你是个随性洒脱的人”。

通常人们对于自己希望被认同的方式是羞于开口的，这种需求平常都是压抑的，不会随意对别人说起。但是，通过谈论宠物，就可以让对方把压抑的需求不知不觉地说出来。

进一步打探对方理想伴侣的形象

当你进一步询问对方除了猫还喜欢什么宠物时，他们可能会提到一些更具挑战性的动物，如爬虫类。这种选择可能反映出她对于理想伴侣的期待——一个充满冒险精神和挑战性的伴侣。

在选择宠物时，第一次暴露的是“我希望被这样认同”的需求，第二次则暴露了“希望我的伴侣这样”的期待。因此，通过询问对方想饲养宠物的理由，我们不仅可以更深入地了解他们的内心世界，还可以根据这些信息来调整我们的沟通方式，从而更加有效地吸引他们的注意力和赢得他们的信任。

询问对方喜欢的宠物类型，就能掌握沟通的方式

第一种想养的宠物	第二种想养的宠物
‖	‖
希望被认同哪方面	对于理想伴侣的期待

例如：

“你喜欢什么宠物？”

“我想养一只猫。”

“你喜欢猫的什么？”

“可能是猫的随性和自由吧。”

（本人希望别人认同他这一点。）

选择正确的座位，让交谈更顺畅

在联谊活动或聚会中，一旦锁定了心仪的目标，选择坐在这个人的哪一侧就变得至关重要。因为不同的位置选择会直接影响你们交谈的流畅度和互动效果。

如果对方是一个善于社交、喜欢群体活动的We型人，那么坐在他的右手边将是明智之举。因为这样的位置更容易让他感到舒适和迎合，从而与你展开愉快的对话。反之，如果你坐在了他的左手边，他很可能会更多地与坐在他右手边的人交谈，从而让你感到被冷落。

如果对方是一个更注重个人空间、喜欢一对一交流的Me型人，那么坐在他的左手边更为合适。这样的位置安排能够让他感到更加放松和自在，从而更愿意与你进行深入的交流。

在聚会中，我们常常能看到一些“落单”的人，坐在他们两边的人都在与相反方向的人交谈，自己则像被遗忘在角落。要想避免这种尴尬的情况，你可以尝试主动调整座位，让We型人坐在你的左手边，而Me型人坐在你的右手边。这样，你就能成为聚会的焦点，享受到来自两边的热情关注，让聚会的气氛更加热烈和愉快。

在选择座位时稍微动点脑筋，确保自己处于最佳位置，会让你的交谈更加顺畅，也会让你在聚会中更加受欢迎。

抓住对方的心的邮件写作技巧

每个人都最喜欢自己

在每个人的内心深处，都对自己有着深深的喜爱。读心者之所以能赢得信任，是因为他们总是围绕着咨询者来展开对话。同样，在写邮件时，我们也应该牢记这一点，尽可能让邮件内容贴合对方的喜好和兴趣。

当面交谈时，我们往往能轻易感知对方的反应，但写邮件时看不到对方的面孔，很容易陷入自说自话的境地。为了避免这种情况，一个简单而有效的技巧就是——频繁地在邮件中提及对方的名字。比如："今天我因为感冒而请假，没去上班，由佳里。在这种季节感冒，真是让人疲惫不堪。"这样，当对方打开邮件时，看到自己的名字被提及，会感受到一种特别的亲切。

同时，这种写法也能提醒我们在写信时关注对方的存在，避免过于沉浸在自己的话题中。

针对Me型人和We型人的邮件写作方法

Me型人通常喜欢简洁明了的沟通方式。因此，在写给他们的邮件时，应尽量精简内容，直奔主题。如果邮件过长或包含太多无关紧要的细节，他们可能会觉得你在浪费他们的时间。

而We型人更注重情感交流和建立关系。在给他们写邮件时，可以适当增加一些寒暄，分享一些近期的生活琐事或见闻，最后再引出邮件的主题。此外，使用表情符号、彩色文字或带有情绪的用词也能增强邮件的亲和力。

针对对方的类型，写出适合对方的邮件

适合Me型人的邮件示例

主题：关于票务安排的通知

由佳里，

好久不见！我是贵志。去年你提到的那张票，我已经顺利购买。下个月20日，在横滨有一场活动，我们一起去吧！如果你方便的话，请尽快回复我。

期待你的回复！

适合We型人的邮件示例

主题：春日问候与活动邀请

由佳里，

好久不见！我是贵志。最近过得怎么样？上周我偶遇了亚纪，她正忙于打工当导游，真是让人意外。她还提到很想和你见个面。对了，去年你提到的那张票，我已经买到了！下个月20日，在横滨有一场活动，我们一起去吧！期待你的回复，希望与你一起分享这美好的春日时光！

邀请心仪对象出来喝咖啡的沟通技巧

对于初次尝试追求心仪对象的人来说，一句“一起去喝咖啡好吗？”虽然直接，但效果往往有限。为了提高成功率，我们可以尝试一种更贴心和明确的邀约方式。

对方在接受邀约时，往往会因为不知道具体的目的地而心生疑虑，即使他/她对与你相处感兴趣，也可能会因为这份不确定感而犹豫不决。因此，我们可以采用一种更具体和更直观的邀约方式。

你可以这样说：“我们一起去那家露天咖啡厅喝杯咖啡吧，就在前面不远，大概15分钟就能到。”在说出这句话的同时，你可以用手指向那家咖啡厅，让对方能够清晰地看到目的地。

这样的邀约方式有两大好处。首先，由于对方能够明确知道将要前往的地点，他/她的疑虑和戒心会大大降低，从而更容易接受你的邀请。其次，选择露天咖啡厅而不是高楼大厦或地下室的咖啡厅，是因为露天咖啡厅的环境更加开放，对方可以更容易地观察到周围的行人和其他活动，从而感到更加安全和舒适。

记住，在追求心仪对象时，我们不仅要表达出自己的诚意和热情，更要尊重对方的感受和需要。通过这种贴心和明确的邀约方式，我们可以更好地与对方建立起信任和舒适的关系，为后续的交往打下坚实的基础。

通过巧妙称赞迅速赢得信任

通过巧妙的称赞方式，马上吸引对方的注意力。

能给对方留下深刻印象的称赞技巧

想要赢得他人的信任和喜爱，称赞是一个不可或缺的技巧。然而，大多数人的称赞往往停留在表面，如称赞身材好的女生“A小姐的身材跟模特一样好”。这种赞美方式虽然直接，但效果有限，因为缺乏个性和深度。

为了给对方留下深刻的印象，我们需要找到一种独特的称赞方式。诀窍在于从对方看似短处或未被人注意到的方面入手，用相反的角度来称赞。例如，尽管A小姐身材好、外貌出众，但如果她给人一种高傲的印象，我们就可以称赞她“A小姐，没想到你不仅美丽，而且非常平易近人，真的让人感觉很亲切”。这样的称赞会让A小姐感到意外和愉悦，因为她可能从未被人从这个角度认同过。

每个人都会对认同自己新的一面的人产生信任。因此，在称赞他人时，不必总是聚焦于他们的优点和长处，而是可以从他们的其他部分入手，即那些不常被提及或看似不明显的特点。

推销、接待顾客时的称赞技巧

这种称赞技巧不仅适用于个人交往，也可以在职场中发挥作用。在推销产品或服务时，我们可以先提及客户的显著优点，然后迅速转移到其他部分，如"虽然贵公司以创新闻名，但实际上也非常重视传统技术的传承"或"虽然贵公司在海外享有盛誉，但始终将国内消费者的需求放在首位"。这样的称赞方式会让客户感到我们真正了解他们的企业，从而增强信任感和购买意愿。

表面上的优点谁都能看到，而且大家都会针对这些明显的优点去称赞。就像跑步冲刺时需要地面的摩擦力一样，每个人/企业都必然有与之突出优点相反的地方，这是为了保证整体的平衡。察觉到对方不被看到的一面，才会让对方觉得你跟别人不一样。

总之，通过巧妙地称赞他人的新的一面，我们可以迅速赢得他人的信任和喜爱，为个人交往和职场发展创造更多机会。

称赞对方的“另一面”，对方会马上被你吸引
外表：身材好的美女
给人感觉“高傲”
A小姐，其实我觉得你很平易近人啊！
真的吗？
每个人都会对认同自己新的一面的人产生信任。

冷读术的实用技巧 29

巧妙利用背景留下好印象

当我们想要在工作或恋爱中给对方留下好印象时，往往首先会注意到自己的着装和发型。诚然，这些因素在塑造第一印象时非常重要，但有一个被许多人忽略的技巧，同样能够极大地提升你给人的好感度。

那就是巧妙地利用你的背景。例如，在餐厅中，虽然那些能够欣赏到美丽夜景的座位非常抢手，但比夜景更重要的是对方眼中你的背景。虽然交谈时，对方的视线主要集中在你身上，但周边视野中的信息却能无意识地影响他们的潜意识。

想象一下，如果你背后是喧闹的人群、凌乱的物品，或者是一扇紧闭的厕所门，那么即使你打扮得再得体，也可能在对方的潜意识中留下不佳的印象。

因此，不必过于紧张，只需稍微留意一下你背后的环境，确保它是整洁的、有序的且能给人正面感受的。这样的背景不仅能够帮助你更好地展示自己的形象，还能够给对方留下更为深刻和积极的印象。

一问即知：戳穿谎言的技巧

巧妙提问，让你更接近真相。

一个问题判断对方是否说谎

当我们想要探查某人是否在说谎时，直接询问往往不是最有效的方法，因为即使你已经知道了真相，对方也倾向于隐瞒。不过，有一个巧妙的提问方式，能够让你更接近真相。

开始，你需要营造一种严肃而认真的氛围，向对方明确表示："我现在只问你一个问题，且保证不会再有其他问题，但我希望你能完全诚实地回答。"这样的压力设定非常重要，因为它能让对方在回答时更加慎重。

接着，直视对方的眼睛，直接问："你有没有……"此时，对方的反应将成为关键。如果他直接且简单地回答"没有"，那么很可能这就是实话。但如果他开始回避问题，用诸如"你为什么会这么问？""我做了什么让你怀疑？""不用说你也应该明白”等语句回应，那么嫌疑就会大大增加。

这是因为这个问题本质上是一个只能回答“有”或“没有”的二选一问题。任何试图绕开这两个答案的回答，都可能是心虚的表现。

【划重点】这一技巧实际上源于警察的盘问技术，旨在看穿谎言。

善于说谎的人也会被“骗”

即使是善于说谎的人，在面对这种简单而直接的问题时，内心的罪恶感也会让他们难以自圆其说。问心无愧的人会直接回应并可能反问你，心虚的人则会尽量避免深入这个话题。

这是一种警察通常会用到的质问方法，人能够欺骗别人，却很难骗过自己，再善于说谎的人，在面对这种直接而简单的质问时，也会露出马脚。

戳穿谎言的质问

“你有没有……”

可疑的回答：

“你为什么会这么问？”

“我做了什么让你怀疑？”

“不用说你也应该明白”

面对只能回答“有”或“没有”的二选一问题，任何试图绕开这两个答案的回答，都可能是心虚的表现。

巧妙引导对方吐露心声

在恋爱关系中，有时会遇到这样的困境：你并不清楚为何恋人突然生气，并对你保持沉默。你焦急地追问：“我做错了什么？请告诉我。”对方可能依然选择沉默。

即使问题确实出在你身上，不了解对方生气的具体原因，你也很难有效地挽回关系。

在这里，我将分享一个帮助你引导恋人吐露心声的技巧。你可以这样说：“对不起，让你感到不快了。但是，为了我们能够更好地沟通，我只想知道一件事，那就是在我的行为中，你最不能容忍的是哪一点？”

这样的提问方式巧妙地将原本难以启齿的“不能容忍的事”分割成了不同等级，如“最不能容忍”“其次不能容忍”等。这样的分割使得原本难以一次性吐露的所有不满，变得更容易被逐个表达出来。

虽然对方可能不愿意一下子说出所有的不满，但在这样的引导下，他/她最终会告诉你她“最不能容忍的事”。例如，他/她可能会说：“我最不能容忍的，就是你对某人说我的坏话！”

一旦得知了问题的关键，你便可以开始考虑如何解决或解释，以平息对方的愤怒。但如何有效地处理这一问题，就需要你根据具体情况来灵活应对了。

破冰秘诀：从不同方向靠近，效果大不同

靠近的方向不同，结果大有不同！

对方的包在哪边

当与陌生人搭讪时，从哪个方向靠近，会更有机会让他们停下脚步与你交谈？今天，我将为你揭示一个高效的搭讪技巧，让你在与陌生人破冰时更加得心应手。

首先，当你想要搭讪时，避免直接从对方的正面接近，因为这会让他们感到突然和警惕。相反，从侧面靠近是一个更自然且不易引起戒心的方式。但这里的关键是：从对方没有拿包或行李的一侧接近。

你可能不知道，每个人的身体都有一侧更机敏，另一侧则相对迟钝。这种机敏与迟钝的差异与他们是左撇子还是右撇子无

关，而是因人而异的。人们往往会将包或行李放在自己较为迟钝的一侧，以作为一种防御机制。因此，如果你从对方拿包的一侧接近，也就是从他们较为迟钝、戒心较高的一侧接近，那么你遭到拒绝的可能性会大大增加。

【划重点】这个方法不仅适用于追求异性，还可以应用于商业场合。

商业场合的应用

当你接待客户或销售商品时，也可以利用这个原理来提高你的成功率。

如果你无法通过观察包或行李来判断对方哪一侧更机敏，那么还有一个简单的方法：观察对方的头发分线。通常，前额看起来较宽的一侧是较为机敏的一侧，而前额被头发遮挡的一侧是较为迟钝的一侧。例如，如果对方的头发是右分，露出右额，那么从右侧搭讪会更有效；同样，从左侧搭讪可能会遭到拒绝。

此外，包在人际交往中往往扮演着防御机制的作用。如果你发现对方有意将包放在你们之间，这可能意味着他还没有完全接受你，或者他认为你与他之间的距离过近。在这种情况下，你应该稍微减缓交往的速度，或保持一定的距离，给予对方足够的时间和空间来敞开心扉。

记住，每个人都有不同的节奏和方式来接受别人，在运用冷读术技巧时要细心观察和灵活，不能操之过急。

视情况判断靠近的方向

从对方没有拿包或行李的一侧接近，成功率翻倍！

从露出前额的一侧靠近更好！

初次见面就掌控主导权

在第一次与某人见面时，握手是一个微妙的社交仪式，它可以成为你掌握两人之间主导权的关键。当你用右手与对方握手时，不妨尝试用左手轻轻地触及或稍微抓住对方的右臂。这个小小的动作在潜意识中传达了一个信息："我正在控制你的右手"，象征性地表示"你无法摆脱我的掌控"。因为右手常常被视为"我"的象征，所以这种动作实际上是在微妙地抑制对方的"自我"，从而暗示你正在掌控主导权。

不过，请注意，这种握手方式并不适用于身份地位远高于你的人，因为它可能会显得不够尊重。它更适用于与你身份相当的人，或者在你希望建立一种平等但稍占主导地位的交流时。

除了握手，你还可以在与人并肩行走或坐着时运用这一技巧。尽量走在或坐在对方的右手边，这样可以让你在无形中掌握主导权。观察路上并肩行走的两个人，你会发现，往往走在右手边的人会在步伐上稍微领先半步，这实际上也是潜意识中主导权的体现。虽然彼此可能并没有意识到这一点，但潜意识已经默认将主导权交给了右边的人。

运用这些微妙的小技巧，你可以在初次见面时就为自己争取到一定的优势，无论是在工作还是恋爱中，都能让你更加自信地掌握主导权。

“但是”的拒绝魔法

在拒绝那些你并不愿意接受的邀请或工作时，“但是”这个词如同一个魔法般的工具，可以帮助你巧妙地引导对方的潜意识，达到你的目的。

巧用“但是”来拒绝

想象一下，你的上司要求你参加一个下午的会议，但你手头上已经有急需完成的工作。这位上司又是一位对执行命令要求非常严格的人，直接拒绝可能会引发不必要的冲突。此时，“但是”魔法就能派上用场了。

你可以这样说：“我了解了，但是我想先完成明天要用的企划书，之后再参加会议。”这样的回答，使得上司在潜意识中接收到你的忙碌状态，并可能不由自主地回应：“啊，你似乎真的很忙。那么让田中代替你参加吧。”

这里的关键在于，“但是”这个转折词实际上是在否定前面的内容，而强调后面的内容。在上述例子中，“我了解了，但是……”其实是在否定“我了解了”这一态度，而突出“先完成明天要用的企划书”的重要性。这样，上司在听到你的回答时，潜意识里就会接收到“不完成企划书就无法参加会议”的信息，尽管表面上听起来像是你在承诺完成手头工作后参加会议。

【划重点】“但是”的魔力在于它能够通过潜意识影响对方，让你优雅地拒绝那些你不想做的事情。

背后的潜意识原理

为了进一步理解“但是”的魔力，请尝试用心说出以下两个句子：

A：“虽然我想飞黄腾达，但是我也想有休闲娱乐的时间。”

B：“虽然我想有休闲娱乐的时间，但是我也想飞黄腾达。”

虽然A和B两句话在字面上意思相近，传达的情感和给人的印象却截然不同。A句让人感觉说话者对工作缺乏热情，B句则让人感受到说话者对工作充满热情。这种差异，正是“但是”话术在潜意识层面上的巧妙作用。

发挥“但是”的作用

“但是”的作用是，否定前面的说法，强调后面的说法。

例如：

“香烟当然可以抽，但是抽太多了不好，要注意身体健康啊！”

“要明天请假可以，但是星期五之前一定要完成方案。”

从容挂断推销电话的技巧

在快节奏的生活中，我们难免会接到一些推销电话，有时对这些电话的内容不仅不感兴趣，还可能觉得相当烦人。虽然我们心里想要立刻挂断，但担心直接挂断会伤害对方的感情或显得不够礼貌，这让我们陷入两难的境地。

实际上，从容地拒绝对方是一个更好的选择。然而，如果对方仍然纠缠不休，那么这里有一个更为巧妙的应对技巧。

当对方滔滔不绝地讲述时，不要突然挂断电话，这样会让对方感到尴尬甚至愤怒。相反，你可以在对话中适时地插入一句话，比如："啊，那是投资股票吗？我之前也听说过类似的事……"然后，在你说话的同时，轻轻地挂断电话。

由于电话是在你说话的过程中被挂断的，对方只会感到困惑，不知道发生了什么，而不会觉得自己的自尊受到了伤害。这样，他们就不太可能因此感到生气或继续纠缠你了。

当然，对方可能会再次拨打电话，但此时你可以选择不接。这样，你既保持了礼貌，又成功地摆脱了烦人的推销电话，真正做到了两全其美。

巧妙应对投诉：善用“比方说”与媒介物

遇到客户投诉，先理清是情绪问题还是客观事实。

当投诉是出于情绪时

在处理投诉问题时，我们往往面临各种挑战，尤其是当客户情绪化地要求投诉时。此时，客观事实往往难以平息客户的怒火，因为他们真正追求的是自尊心的满足和被重视的感觉。因此，不管面对何种投诉，如果客户的情绪非常激动，就不要以客观事实去应对，往往越坚持客观，客户的怒气越大，越容易引发不必要的麻烦。

与客观的事实相比，情绪完全是人产生的。面对情绪激动的客户投诉，当务之急是满足他们的自尊心和被重视的需求。

为了有效地应对这种情况，我们可以借鉴冷读术中的“比方说”话术和媒介物的使用。

“比方说”话术的妙用

在冷读术中，有一个常用的话术“比方说”，看上去像是口头禅的这句话，实际上能发挥很大作用。

“比方说，你正打算和朋友一起去旅行。”

先说了“比方说”，即使后面说的话不是很恰当，也能免于被责难而继续说下去。

在应对客户的投诉时，尤其是当需要指出客户可能存在的错误时，使用“比方说”可以巧妙地避免直接冲突，同时保持对话的流畅性。例如，当客户抱怨购买的电脑出现故障时，如果经过初步了解发现可能是客户自己的配线问题，直接指出可能会让客户感到被指责。此时，我们可以说：“先生，比方说，您是否可以检查一下配线是否连接正确呢？”言外之意就是，或许是我们产品的问题，也有可能是运送的过程中损坏了，还有可能是说明书写得不够详细……在这些可能的原因里，我们只是请客户检查一下配线有没有问题。这样的说法既传达了我们需要确认的问题，又避免了直接指责客户，从而降低了客户的抵触情绪。

巧用媒介物应对投诉

在咨询中，媒介物常被用作传递信息的工具。在处理投诉时，我们也可以借鉴这一思路，利用某些“媒介物”来增强说服力。

例如：

当客户因为交货延迟而愤怒时，我们可以说：“抱歉，在我们的资料库中，特别记录了您是我们的重要客户，需要优先确认交货日期。我想可能是新的负责人不了解这一点，导致了这次的失误。”

“那怎么办？我因为你们交货延迟都失信了！”

“您一直是我们的重要客户，如果让您因为我们的错误而名誉受损，那可不得了，请让我立刻查一下资料库。”

“赶快！”

“抱歉，我们会停下其他业务，优先给您送到，还请您多包涵。”

“真的吗？那请你赶快处理吧。”

这里的“资料库”就是一个媒介物，它使得我们的回答更具说服力，同时避免了直接承认是我们自己的错误，缓和了与客户之间的冲突。

需要注意的是，虽然使用媒介物可以增强说服力，但我们也应该尽量保持诚实和透明。在可能的情况下，我们应该尽量提供真实的信息和解决方案，以建立长期的信任和合作关系。同时，我们也需要灵活应对各种情况，根据客户的反应和需求调整我们的沟通策略。

手机挂饰：解读性格与人际性格微妙线索

你是否曾留意过，一个人的手机挂饰也能成为窥探其性格与人际关系的微妙窗口？手机挂饰，这个看似不起眼的细节，实际上蕴含了丰富的个性信息。

那些选择繁复手机挂饰的人，往往朋友众多，他们喜爱热闹，害怕孤独。然而，这种表面的喧嚣与繁忙，有时也是他们内心空虚的反映。他们可能看似开朗，但实则难以敞开心扉，建立真正深刻的人际关系。他们虽然周围不乏朋友，内心却时常感到孤独。

相反，那些没有手机挂饰，或者选择简单挂饰的人，往往更加珍视与少数真心朋友的交往。他们不喜欢表面的喧嚣与浮华，更倾向于与那些能真正交心的人长久相处。他们可能给人一种冷淡的印象，但实际上，这只是因为他们小心谨慎，不愿轻易敞开心扉。

在社交场合，如联谊活动中，不妨试着观察参与者的手机挂饰，这不仅可以为你提供一些有趣的心理游戏素材，还可以帮助你更深入地了解他人的性格与人际关系。记住，细节之中往往蕴藏着丰富的信息，只要我们细心观察，就能发现更多有趣而深刻的秘密。

初次见面就能快速熟络的秘诀

那些人缘好的人，往往在初次见面时就能受到欢迎。

“照镜子”技巧

在初次见面的商业场合，双方总会有一些戒心。想快点拉近关系，却总觉得有点尴尬？试试“照镜子”技巧吧！这个技巧真的很简单，却能快速营造良好的洽谈氛围，就是稍微模仿对方的动作。

比如，你们面对面坐着，对方用右手拿起咖啡杯，你就用左手拿起自己的杯子，在对方看来，你们的动作像是在照镜子。不过，别让对方察觉到你在刻意模仿，只要让他的潜意识里感觉到你们动作相似就行了。

一开始可能会觉得不太自然，所以最好是稍微晚一点再模仿。这样，即使对方没意识到，他的潜意识里也会觉得跟你在一起很亲切、很放心。当你们的动作变得相似时，心里也会产生共鸣，关系自然就更亲近了。

更快放松洽谈的方法

要快速打破初次见面的紧张气氛，最简单的方法就是让自己先放松下来。一旦你放松了，那种感觉也会传递给对方，交谈就会变得更轻松、更融洽。

但是，有时候我们真的很难做到立刻放松，特别是在那种一次定胜负的场合。这时候，你可以尝试在心里想象，伸出双手去碰触对方的双肩。虽然实际上并没有真的碰到，但这种想象会有自我暗示的效果。你的潜意识会以为你真的跟对方关系很亲密，这样，你就能更快地放下防备，而对方也能感受到你的放松，从而跟着放松下来。

初次见面时可以使用的技巧

冷读术的实用技巧 34

巧妙地在交流中植入潜意识暗示

在日常交流中，我们可以巧妙地运用一些技巧，在对方的潜意识里植入积极的暗示。例如，如果你想给对方留下“心跳加速”的积极印象，你可以尝试这样的叙述：“你知道吗，昨天我被要求在100个人面前发言。当时真的是‘心跳加速’，紧张得不得了。不过还好，我成功克服了紧张。”在说“心跳加速”这几个字时，你可以稍微加重语气，并注视着对方的眼睛，同时稍微放慢语速。

虽然对方在显意识层面可能只是把这当作一般的交流内容来听，但他的潜意识会对“心跳加速”这几个字留下深刻的印象。这样的暗示可以激发对方的积极情绪，让他们感到更加兴奋和投入。

不过，为了避免引起对方的怀疑，我们不需要频繁地使用“心跳加速”这几个字。可以适当地变换说法，如“内心很激动”“心情很不平静”“情绪高涨”等，来传达类似的积极暗示。

高效工作邮件写作指南

在工作中，特别是写邮件时，通过精心选择词汇和表达方式，我们可以在文字中巧妙地植入积极暗示，使对方在阅读时产生更加积极的情绪反应。这样的书信不仅更易于被接受，而且能够提升工作效率和人际关系。

常犯的错误

在繁忙的商务活动中，邮件成了不可或缺的沟通工具。如何撰写一封既专业又有效的工作邮件，特别是当涉及委托工作时，是一门需要仔细琢磨的艺术。

许多人习惯在邮件开头先写上一大段赞美或感谢的话，随后再提出委托事项。

例如：

日前听了您的建议，非常有参考价值。您不愧是在这个领域金字塔尖的专家，有幸能够聆听您的讲话，我们所有参与者都感到非常受鼓舞！

今天有一件事想拜托您，请问能否采访您一下，将报道刊登在敝刊呢？事发突然，非常抱歉，请问您下个星期可以在指定地点接受我们的采访吗？

这种写法虽然看似礼貌，但往往效果适得其反。对方在阅读了冗长的赞美后，一旦看到接下来的委托请求，就可能会感到被利用了，从而降低合作意愿。

正确的写法

为了使工作委托被接受，我建议你将上述邮件倒过来写，把奉承的话放在后面。这样一来，虽然对方一开始看到工作委托可能会有一些不满，但看到后面的奉承，心情就会好很多，后面的好心情会比前面的不满印象更深，从而对你的印象也更好，更容易答应你的委托。

工作邮件写起来比较简单，因此很多人会忽略注意事项，逐渐按照私人邮件的方式去写，这样是不对的。工作邮件的书写应始终遵循正式、专业的原则。对于不同年龄段或文化背景的人，我们还应根据他们的习惯和喜好，适当调整写作风格。比如，发给年长者的工作邮件就需要特别注意，有些人成长的年代多写纸质信件，所以他们对于随便的邮件很反感，在与这种人用邮件沟通时，就要格外注意邮件的格式、措辞等。

有一个小窍门就是，可以模仿对方的写法写邮件，这样至少不会出错。例如，对方写得认真，你也严格按照商业文书来写；对方写得比较潦草，你也写得通俗易懂即可。

为了提高委托工作的成功率，我推荐以下写作顺序。

1. 明确主旨：在邮件的开头清晰地表明主旨，如会议日期、委托事项等。

2. 直接提出委托：在主旨之后，直接、简明地提出你的委托请求。确保语言准确、礼貌，并给出具体的时间、地点等细节。

3. 添加感谢与赞美：在委托事项之后，可以适当添加一些感谢和赞美的话语。这不仅能够表达对对方的尊重和感激，还能在对方心中留下积极的印象。

工作邮件的写作顺序

反面例子

主旨：多谢××先生（女士）的关照

××先生（女士）：

承蒙您的关照，感激不尽！前几天的会议，托您的福，那是个非常有意义的会议。领教了您的高见，全体员工都受到很大的鼓舞。下次的会议已定于31日举行。请您务必拨冗参加。

正面例子

主旨：关于31日会议的邀请

××先生（女士）：

您好！

下次的会议已定于31日举行。请您在百忙之中，务必拨冗参加。我们深知您的时间宝贵，因此十分荣幸您能出席。

在此，我想对您表示衷心的感谢。前几天的会议，托您的福，我们收获颇丰。您的高见不仅启发了我们，也给予了全体员工巨大的鼓舞。我们期待着与您再次相聚，共同探讨更多精彩话题。

再次感谢您的支持与合作！

巧妙委托，轻松达成目标

在职场或日常生活中，我们时常需要请求他人协助完成某项任务。然而，如何巧妙地提出请求，让对方心甘情愿地帮忙，是一门需要学习的艺术。

想象一下，如果你直接对××先生说："请你撰写上次说的那个方案。"虽然直接明了，但可能会让对方感到一丝压力或反感。那么，如何改变这种局面呢？

这里有一个高明的技巧：将你的请求与对方的行为联系起来，形成一个合理的因果关系。例如，你可以说："因为下午我有个重要的会议要参加，所以可能无法专注于那个方案。××先生，您在这方面有丰富的经验，能否请您帮我撰写上次提到的那个方案呢？"

即使下午的会议与方案并无直接关联，但这样的说法能够激发对方的责任感和参与感。人们往往更愿意帮助那些有正当理由或需求的人，而且当我们将对方的行为与自己的某种行为或状态联系起来时，更能够打动对方的心。

这种技巧背后的心理学原理是，我们从小就被灌输了分工合作的观念，例如："秋小姐负责擦玻璃，弘小姐负责扫地吧！"当听到"因为我要做某事，所以请你做某事"的说法时，对方的潜意识会被触发，认为既然有人在做某事，自己也应该尽一份力。

因此，巧妙地运用这个技巧，可以让你在请求他人帮忙时更加得心应手。不仅能够降低对方的反感情绪，还能顺利达成你的目标。无论是在工作中还是生活中，这个技巧都将为你带来意想不到的便利和收获。

后记

幸福，从理解与信任开始

在我看来，冷读术的核心本质就是“深入理解对方的心意”和“建立坚实的信任关系”。在这个快节奏、高压力的社会中，真正了解你、信任你的人又有多少呢？或许你有许多一同欢笑的伙伴，也有因工作而结识的同事，但能够真正视你为独立个体，深入了解你、信任你的人，往往寥寥无几。能够拥有一两个知心朋友，就足以让人感到幸福和满足，这就是现实。

如今社会上许多人的心态，与其说是充满信任和接纳，不如说是充斥着怀疑和批判。有些人可能会说：“我想学习冷读术，是为了更好地欺骗他人。”但是这种人在社会上已经没有立足之地，靠批判、欺骗、控制他人获利的人，终究要付出惨痛的代价。

当今社会缺乏的，是那些能够“了解、信任、接纳”他人的人。因此，如果你能够真诚地努力去理解他人的心意，那么在这个社会中，你将成为“稀缺资源”。人们会争相与你交友，与你建立亲密关系，甚至购买你的商品。你的身边会聚集起众多愿意与你亲近的人，这绝非夸张之词。

通过冷读术的实践，我希望能够帮助社会大众找回一些失去的风趣和温暖。这也是我出版这本书的初衷。

最后，衷心感谢每一位阅读本书的朋友。

期待在未来的某一天，我们能有幸相见。

石井裕之